昭和と平成を翔け抜け令和へ

笠井 輝夫

はじめに

私は、埼玉県さいたま市に本社を置く株式会社躍進で代表取締役を務める笠井輝夫と申します。年商は五億円で、防水工事、木材保存工事、塗装工事を中心に、埼玉県、東京都を主戦場に営業しております。

おかげさまで躍進は平成と令和が重なる平成三十一年（令和元年）に第二一期を迎えることができました。これもみなさまのご支援によるものと、深く感謝しております。

こんな私ですが、人生の節目節目で、それまでの歩みを振り返っております。

「私の若いころは、八年間に七社、職場を変えました。上司と馬が合わないと、すぐに喧嘩をして自分の我を通してしまうという繰り返しが原因でもありました。その様な中、我が家に転機が訪れました。待望の女の子が誕生したのです」

これは、私が五十歳を迎えたときに上梓した自叙伝第一弾『「共感・連帯」「結束・絆」』（高木書房刊）のカバーに、本文から抜粋して書いた文章の一部です。

長男・信広、次男・正行に続く三人兄弟の末っ子にして長女の靖子は、昭和六十四(一九八九)年一月四日の生まれです。ご承知のように、昭和六十四年は、たった一週間しかありません。つまり靖子は昭和最後の年の生まれなのです。こうして笠井ファミリーが全員揃い、その四日後の一月八日に、元号が平成になりました。

振り返れば、昭和のころの私は、やんちゃ坊主がそのまま年をとっていったという人生でした。ガキ大将だった少年時代を経て、水泳の特待生で高校進学を果たすも、トラブルから高校を中退。その後、故郷である茨城県水戸市から東京に出て、様々な職に就きました。

その間に、妻・法子と出会い、昭和五十六年に結婚。五十九年に長男・信広が、六十一年に次男・正行が誕生します。

しかし、仕事面に関しては、決して順調な歩みではありませんでした。

さらに、前述の抜粋した文章は続きます。

「夜遅く帰宅したある時、六畳の片隅、横一列に並ぶ妻と子供三人の寝顔を見て、無性に自分の力の無さに申し分けなく、とめど無く涙した事を思い出します。『どんなことをしても、家族を守る、妻・法子を幸せにするんだ。そして子供たちが誇りに思える父親に絶対になるぞ！』」

このような決意のもと、私の平成の歩みがスタートしたのです。

そうして、妻と三人の子供を抱え、何とか生活を支えてきましたが、不安定な経済生活の真っ只中にあったことは変わりません。焦りと不安の中、妻子の寝顔を見ながら、悔し涙が溢れてしまうような日々でした。

しかし、本文で後述するとおり、翌平成二年に新潟市に本社を置く防蟻処理施工業社である株式会社ピコイに入社してから、私の人生はがらりと変わります。それまで培ってきた経験と、生まれもっていたビジネスマンとしての素質が花開いたのです。その後訪れるバブル経済の崩壊も物ともせずに突っ走りました。まさに、水を得た魚でした。

ところが、愛するピコイは平成十一年十月に和議を申請することになったのです（和議は平成十七年に終了）。このことがきっかけで、私は平成十二年十月、株式会社躍進を設立し今日に至るのです。

その後、私の人生で最大の事件が起こります。脳内出血と肝臓癌です。健全な身体機能を奪われてしまったのです（詳細は本文）。

それでも、ビジネスマン・笠井輝夫として、一人の経営者として、その責任を果たすべく気持ちを強く持ち、決して挫けることはありませんでした。

さらに、闘病を続ける中で、失ったものも多くありましたが、それ以上に大きなものを得ることができました。それは決して負け惜しみなどではなく、「病気をして良かったのだ」と、嘘偽り無く思えるようになっているからです。

こうして私がビジネスマンとして突っ走ってきた平成は、三十一年で終わりを告げ、新元号令和へと引き継がれ、新たな時代にバトンタッチされました。

私は、元号の変わり目が人生の変わり目にもなっているようです。

昭和のころの男・笠井輝夫は活発な少年期であり、波乱の青春期といえる時代でした。そして一人前の男として生きることを誓ったのが、長女靖子誕生の昭和の最後の年でした。そして平成は、ビジネスマン・笠井輝夫の時代でした。

躍進も第二十期を終え、新たな一年目である第二十一期を新元号の令和でスタートさせたのです。これは何を意味するかと言えば、次世代にバトンを渡すことを真剣に考える時期に入ったということです。まさに令和は、私にとってまた躍進にとって大転換期への突入なのです。

ということで、自らの歩みに一区切りをつける思いで、第二弾となる〝平成版〟の自叙伝を書いてみました。それは振り返ることで未来への展望が描けるからです。

世間では、平成最後の年として、また令和に向けての企画が様々なされています。私も、自らを語ることで、おこがましいかもしれませんが、みなさまのビジネスシーンや経営の現場に、ひいては人生の節目において、なんらかのお役に立てればという思いもあり、筆をとりました。

みなさまにとって何かの一助になれば、これ以上の喜びはありません。

令和元年五月吉日

笠井　輝夫

目次

第二部　闘病と新たなる歩み

第一部　ピコイ時代と躍進設立

一　笠井輝夫の「昭和」

私、笠井輝夫は、いうまでもなく昭和という時代を経て、平成そして令和の今日がありま す。ここで、私の昭和を、ざっと振り返ってみたいと思います。

水戸市のクリーニング店の長男として誕生

私は、昭和三十七年四月二日に、クリーニング店を営む父・笠井武男、母・弘子の長男として、茨城県水戸市で誕生します。

笠井家は、水戸藩に十三代仕えた武士の家柄。つまり、私は武家の出なのです。笠井家のお墓もまた、江戸時代後期に活躍した水戸藩の政治家である藤田東湖《ふじたとうこ》や、テレビドラマ『水戸黄門』に登場する渥美格之進のモデルとなった実在の水戸藩士・安積澹泊《あさかたんぱく》（通称・覚兵衛）のお墓に隣接しています。

父は次男坊でしたので、私が五歳のとき、母の実家の敷地に家を建て、武男・弘子夫妻を初代とする新しい笠井家の歴史が始まるのです。

子供のころから私は明朗活発で、幼稚園でも周りの子供たちより頭ひとつ大きな子供で元気が有り余っていました。活発すぎて生傷が絶えず、まさに典型的なガキ大将で、その後の人生を暗示させるような子供時代だと思います。

お客さま第一主義の原点は両親の働く姿

父は、細かいことは一切口にしませんが、締めるところは締めるので、悪いことをすれば、当然手が飛んできました。

しかし、母は、父とは反対に口やかましいくらいに子供を厳しくしつけ、言葉遣いをはじめ、礼儀・礼節には特にうるさかった印象があります。

クリーニング店は、お客さまから大事な衣類をお預かりして、それをきれいに仕上げ、お返しするという、完璧に洗って当たり前の仕事です。預かった衣類に少しでも「ミス」があれば、クレームになるだけでなく、次から注文をいただけなくなってしまいます。

こうした両親の仕事をずっと見続けてきたことで、私が代表取締役を務める株式会社躍進におけるお客さま第一主義が生まれたのです。

そんな両親は、躍進が新社屋を落成した平成二十二年二月二十二日に、記念品として大きなのっぽの大時計を贈ってくれました。現在の社屋の玄関に設置している大時計です。

躍進は、百年企業をめざしています。百年に至るまでの時を、この時計で刻みなさいという両親の心遣いと受け止めています。

野球好き、スポーツ万能な少年時代

昭和四十四年四月に、水戸市立五軒小学校に入学しますが、明朗活発そのままの小学生

両親と妻・法子（中央）

で、寝ても覚めても野球漬けの毎日。物心ついたころから巨人ファン、長嶋茂雄ファンでした。

当然、野球のポジションはサード。その定位置だけは絶対に譲りたくはなく、所属していた野球チームで、必死でレギュラー争いをしました。

水泳を始めたのが小学校三年生でした。後に、高校時代に国体出場を果たすことになります。柔道は小学校五年生の時に習い始めました。また、足の速さでは学校でナンバーワンであり、それについて担任の池田先生と教頭先生から、「駅伝で活躍する笠井くんの姿がとても感動的でした」と、卒業の寄せ書きをもらったとき、本当にうれしかった思いを今も覚えています。

スポーツに明け暮れる中学生時代

昭和五十年四月に水戸市立第二中学校に入学します。

先輩からの勧誘で、水泳部に入部。スイミングスクールに通う形式の部活動でしたが、全国中学校水泳大会で二位の成績を修めるほどの名門水泳部なのです。そこで私は、三年生時、百メートル、二百メートル背泳で全国大会出場を果たします。

それだけではありません。私は、他の種目からもお呼びがかかるほどのアスリートだったのです。

陸上競技大会では、リレーと千五百メートル走に参加させられました。陸上部の選手よりも足が速いからです。特に千五百メートル走は常にトップでした。

また、長距離走でも群を抜いており、「マラソンの笠井」といわれたほどの健脚だったのです。

そして、中学二年生時代の担任である小松崎先生の影響を強く受けて、将来は体育科の教員になろうと決意します。

高校中退しさまざまな職に就く

そうした中学時代の活躍があって、私は昭和五十三年四月、水泳の特待生として、土浦日本大学高等学校に入学しました。

一年生の秋には、はやくも国体に出場を果たしました。背泳の百メートル、二百メートルに出場し、総合成績で四十七都道府県中一〇番目となりました。

こうして、アスリートとして順調な毎日を送っている反面、喧嘩も日常茶飯事でした。自分でいうのもおかしな話ですが、元気が有り余りすぎたようです。

幼いころからガキ大将で、喧嘩も負け知らず。そして、仲間が喧嘩を売られたときなどは、自分に売られた喧嘩以上に燃えていました。そんなことを繰り返すうちに、暴走族のリーダーにもなってしまい、学校の知るところとなります。

しかし、正義感は強く、決して弱いものをいじめるようなことはしません。不良同士の喧嘩に明け暮れていました。もちろん、集団で一人を襲ったり、金品を脅し取ったり、物を盗んだり、女の子にいやがらせをしたりなどというような、非道なマネはしませんでした。しかし、喧嘩によるトラブルが原因で、私は止む無く学校を辞めることになります。

何よりも両親に対して顔向けができませんでした。そして、先輩を頼って東京に出て、生活のために酒屋と米屋の配達のアルバイトを始めました。次に手がけた仕事は、埼玉県戸田市のクリーニング業者でした。

その後、昭和五十六年に妻・法子と出会い、結婚し、戸田市内に居を構えます。そして、五十九年に長男・信広、六十一年に次男・正行、六十四年に長女・靖子が誕生します。

このころの私は、まさに生活のためだけに働くような毎日でした。仕事に対して、充実感も満足感もなく、空しい日々が続いたものです。

しかし、こんな日々をいつまでも続けるつもりはありませんでした。いつか自分の居場所を見つけてやる、やりたいことを思いっきりやって一花咲かせてやると、固く心に誓っていました。

二　長女・靖子誕生と平成の幕開け

バブル経済真っ盛り

前述のように、昭和六十四年一月四日に長女・靖子が誕生し、笠井ファミリー全員が揃います。その三日後の七日には天皇陛下が崩御し、翌八日から私の平成の歩みが始まりました。

高校を中退し、さまざまな職を転々としましたが、当時は、布団の丸洗い乾燥業に従事し、主に営業で奔走していました。しかし、決して暮らしは楽ではありませんでした。妻と三人の子供を抱えて暮らすには不十分な給料であったため、生活費の足しにと、夜間の運送業のアルバイトもしたことがありました。

一方、世の中に目をやれば、まさにバブル経済真っ盛り。多くの銀行や信託銀行、証券会社は、多くの金融商品を売り出していました。

当時、スーパーMMCという金融商品がありました。小口の市場金利連動型預金で、最初の最低預入金額は三百万円でした。

期日指定定期預金の年利は五％台でしたが、スーパーＭＭＣの最高金利は七・九％になるという人気商品でした。新聞広告などを眺めながら「お金があれば買いたいな」としみじみ思ったものです。

しかし、私個人にも、会社の業務にも、バブル経済はまったく関係ない現象でした。恩恵らしい恩恵を受けた記憶がないのです。

それに、「この現象には中味がない。いつまで、どこまで続くんだ。いずれ間違いなく破綻する」と素直に思いました。もちろん、私だけではありません。こんなことは誰でもわかることです。

「なぜみんな本質を見ないで、儲けに走るんだ」と思いました。

「持っているだけで価値が上がる」

「株を買うというだけで、銀行は百万円単位の融資をしてくれる」

という言葉に踊らされ、それまで株の売買などまったく経験のないＯＬさんたちまで、証券会社に足繁く通うようになりました。

土地の売買についても、「神武開闢以来、土地の値段が下がったことありますか」

という不動産業者の殺し文句に踊らされて、実体のない売り買いが横行しました。文字通り土地は転がされているだけでした。土地の本来の価値は一円もあがっていないのに、銀行からお金を借りてまで、不慣れな売買を行なう素人もいました。

そうして、平成元年十二月二十九日には、日経平均株価が三万八九一五円八七銭と最高値をつけますが、もう異常な感じでした。しかし、その四日前の十二月二十五日に、日銀による公定歩合の引き上げがなされ、金融引き締めへと政策が転換されたのです。私は、このとき「潮目が変わった」と思いました。

その後、不動産金融に対する融資総量規制もなされ、政府によって地価上昇に対する抑制政策が打ち出され、バブル景気は崩壊の歩みを始めたのです。

そして、その後再び、日経平均株価は高値を更新することがありませんでした。

消費税導入とめまぐるしく変わる政権

現在では当たり前のように生活に根付いている消費税も、平成元年四月から税率三パーセントで導入されました。それまで、間接税を伝票その他に記入する習慣がなかったので、仕事のうえで、ちょっと戸惑った記憶があります。

当時は、現在のようにパソコンが処理してくれるわけではなく、すべて手書きだったので、事務処理が煩雑になり、毎日夜中まで伝票や請求書などを処理しました。

そんな消費税を導入した総理大臣は、竹下登さんでした。

平成元年当時は、政治の世界に、それほど強い関心があったわけではありませんでしたが、さすがに総理大臣がコロコロ変わるのには面食らいました。一年間で三人も総理大臣の顔を見たのは、生まれて初めてでした。

年初の総理大臣は竹下登さんでしたが、消費税導入に対する反発と、「リクルート事件」に多くの自民党政治家が関与していたため支持率は急降下。政権が持たず、六月三日に竹下内閣は総辞職することになるのです。

代わって、同日に宇野宗佑さんが総理大臣に就きますが、女性問題が取りざたされ、その影響で自民党は、同年夏の参議院選挙において過半数割れという惨敗。その責任を取って、わずか六九日で退陣します。そして、八月十日に海部俊樹さんが総理大臣となります。しかし、実権は幹事長の小沢一郎さんにあったようです。

平成という時代は、極めて不安定な政権運営を余儀なくされるのだなと、しみじみ思いました。

三　ピコイ入社とわが師・近藤建

ピコイとの接点が生まれる

私は、相変わらず、経済的には綱渡りするような日々を送っていました。もちろん、土地などの不動産、株などの金融商品などは夢のまた夢。そんなことより、少しでも稼ぎたい一心で、営業に奔走していました

家族の顔を思い浮かべ、一心腐乱に働くも、仕事に対して、充実感や満足感、達成感などは感じませんでした。本当に、空しい日々が続きました。半面、こんな日々をいつまでも続けるつもりもありませんでした。必ず、自分の居場所を見つけてやるという信念だけは強く持っていました。

賃金が上がらなければ、職を変えなければならないと常に思いながら、まさに暗中模索しておりました。そのような中、当時、わが国で最大規模の売上を誇るスーパーマーケット・ダイエーの店舗において、布団の丸洗い乾燥業と、リフォームの窓口を

設置することになります。

布団の丸洗い乾燥業は私の会社が、リフォームは新潟市の防蟻業者・株式会社ピコイ(以下、ピコイ)が窓口を担当することになります。これは、当時ダイエーのバイヤーで、後にピコイ東京支店で机を並べる野口博氏の紹介によるものです。

ここで、後に入社することになるピコイとの接点が生まれるのです。そして、野口氏の「きみにぴったりの良い会社だから」という紹介で、平成元年十二月二十八日に、ピコイ長野支店で採用面接が行われました。

生涯の師・近藤建社長との出会い

そこで、私の生涯の師となる近藤建社長(当時)と出会うわけですが、面接は社長自ら行うのです。

近藤社長は空手の達人でした。その拳ダコを見て、「喧嘩の強いオレでも、この人には敵わない」と素直に思いました。昭和十七年生まれで、学生全国チャンピオンであり、空手の達人になりたいと修業に励み、後にキックボクシングジムを経営し選手を輩出するなど、まさに打撃系格闘技の達人なのです。

長野支店での面接は、特に難しい話などなく、ざっくばらんな話をして終わりでした。そして、翌日に新潟本社で正式な面接をするから、新潟市内のホテルに宿泊し翌朝出社するように指示されました。

新潟までの移動は、近藤社長のクルマに同乗させてもらいました。その車中において、カーステレオから演歌が流れてきたのです。そして歌手名を当てろというものでした。

私は西川峰子さん（現・仁支川峰子さん）の歌だとすぐわかりました。さらに、西川さんのお兄さんの職業についても知っていたので、それについて述べたりすると「君は面白い」といわれました。

もちろん、ピコイは芸能事務所ではありません。歌手のプロフィールを知っていても、業務にはまったく関係のないことです。

しかし、答ではなく、答え方を試験していたのでしょう。その受け答えで人となりがある程度分かるものです。しかし、非常にユニークだなと思いました。

もちろん、翌日は本社において、近藤社長と総務部長により、正式な面接がなされました。そして、見事採用となり、平成二年一月より東京営業部（当時）勤務として出社することになるのです。

面接時にはじめてピコイの概要、業務内容を知り、その将来性などを確認して、改めてこの会社に賭けてみようと決意しました。

実力第一主義で、誰でも結果を出せば認めてもらえるという社風です。当時、新人の私でも年収六百万円が確保されるといわれ、目の色が変わりました。お金を稼ぐことを喜びとし、「とにかく結果を出す」ことを自分のテーマとしました。

男を惚れさせる男

近藤社長は、生涯の師であり、私のことを語る上で、決して外せない人の一人です。ピコイへの入社動機を改めて思い返してみると、いうまでもなく、近藤建という人に〝弟子入り〟したいという気持ちが強かったからです。

私が近藤社長に心酔した理由は、ずばり好きだったからです。いわゆる男惚れというやつです。人間の行動動機は様々あるといわれますが、単純に、好きか嫌いかで判断することが圧倒的に多いようです。

特に、私の場合は「好きだから、この人のいうことは信じられる。この人の心は信じられる」という動物的な勘があります。そして、近藤社長に触れれば触れるほど、より好きになるという気持ちでした。本音でぶつかることもできました。

しかし、一目惚れしたわけではありません（笑）。

第一印象は「何か威圧感のある人だな」という感じがしました。それでも、横暴なイメージはなく、何事にも極めて謙虚な姿勢で臨んでいるのです。それでいて、得もいわれぬ威厳に満ち溢れている。この威厳と謙虚さの秘密はどういうものなのか、どこから出てくるものなのか、その懐に飛び込んで、観察したくなりました。

そして、近藤社長のことが好きな理由の一つに、素朴で親孝行であることが挙げられます。

ピコイは、五月が親孝行月間で、五月三日に親孝行に関するレポートを提出することが義務付けられていました。その影響は大きく、私の両親に対して、実家に帰省するたびにちょっとした親孝行をしていました。

壁の補修や塗り替え、仏壇の照明の修理など簡単なものですが、不思議なものでこうした親孝行を率先するようになってから、給料も安定したのです。そして、経済的な余裕ができ、両親にプレゼントや旅行などをするようになりました。

四　東京営業部配属と「水を得た魚」

「一人営業所長」として何役も

私が配属された当時のピコイ東京営業部は、部長の尾留川さん、後に副社長となるMさん、防音設計担当のFさん、後に横領事件を引き起こすことになるNさん、近藤社長の義兄・Aさん、近藤社長の長女、女性社員、それに私という八名のメンバーでした。

しかし、メンバーの転勤、定年退職、部長の尾留川さんの入院などが重なり、約一年で私一人になってしまいました。私の教育係でもあった尾留川さんの入院は、N氏の不祥事による引責が祟《たた》ったものです。

そこから、一人営業所長（当時）として、心労で病気が重くなった尾留川さんの代わりに、私が部長代理業務を行います。支店長会議などにも参加するようになります。さらに東京都千代田区飯田橋に拠点を移してから、それまで蓄えてきた力が堰を切ったようにあふれだし、快進撃が始まるのです。

近藤社長は、そんな私に独自の裁量権を与えてくれ、比較的自由に行動させてくれました。あまりにも仕事の範囲が広くなったので、移動しながら指示が出せるよう、携帯電話を持ったのも、ちょうどこのころでした。当時の携帯電話は、軍事用トランシーバーのように大型で、アンテナを立てて使用するといったものでした。

半面、なんでも自由にできることほど、自分との闘いになるのです。自身を律し、自分で決めたことを守る、自分に負けないようにするのは、ある意味がんじがらめよりも難しいものです。そのため、常に「自分に厳しくあれ」として、自身を鍛えてきました。

営業所の年商を十一億円規模に成長させる

また、東京という市場のなかに拠点があることが何よりもラッキーでした。

地方よりも桁違いの巨大市場であるため、仮に一方でしくじっても、何回でもやり直しがきくのです。名誉挽回、汚名返上のチャンスがいくらでもあるのです。

もちろん、率先して失敗をするようなマネはしません（笑）。失敗してもまた立ち上がれるので、恐れることなく、どんどん経験を積んでいこうと思いました。

思えば、昭和のころに、もがき続けてきた経験が、無意識のうちに積み重なり、ピコイの水で生かされ、大きく花開いたといえるのではないかと思います。

私の主な実績は、P社からの防蟻用防湿シート受注、S社からの断熱材施工受注、そして大手量販店からのリフォームなどをこなし、月五百万円ほどを売上げ、単独で受注先を開拓し、七年間で営業所の年商を十一億円にまで上げたことです。

わが師・近藤建（右）

高校を中退し、さまざまな職を転々としましたが、お客さまにいかにして喜んでもらえるかという実践の訓練だけは欠かさずに過ごしてきました。その努力がピコイに入社して花開き、年商を上げることで東京営業部は生まれ変わり、東京支店へと昇格し私はその支店長として大いに力を発揮することができました。

五　総量規制とバブル経済崩壊

不動産向け融資を厳しく規制

ピコイに入社し、徐々に力をつけてきた私ですが、世の中はバブル経済崩壊の足音が大きくなる一方でした。

そして、何よりも大きな影響をもたらしたのは「総量規制」でした。

この場合の総量規制とは「金融機関の不動産向け融資に対する、総貸出を基準とした規制。バブル期の地価高騰と土地投機抑制のため、平成二年に大蔵省（当時）が通達した」（大辞林 第三版の解説）とあります。

旧大蔵省銀行局は、平成二年三月に、バブル経済がもたらしたあまりにも異常な地価高騰と、土地転がしなどの土地投機を厳しく抑制するため、都市銀行をはじめ信託、地銀、信金、生保・損保などの金融機関に総量規制を通達します。

それは、不動産業者向け融資の前年比伸び率を、総貸出の前年比伸び率以下に抑えることに加え、不動産業をはじめ建設業やノンバンク向けへの融資の実態について報告を求めました。そして、この規制に違反した金融機関に対して、厳しく是正し指導することを実施したのです。これは、平成三年十二月まで続きました。

この通達に対し、金融機関は右へ倣えとばかり、容赦なく不動産業向け融資の不履行や凍結、果ては打ち切りなどを実施したのです。

そして、金融機関の貸し渋りや貸し剥がしも起こりました。当然、不動産をはじめ資産デフレが発生し、バブル経済崩壊の最大の原因とされました。

しかし、ピコイの業務には、大きな影響はありませんでした。何より、防蟻という景気にあまり左右されない仕事がメインであったためです。

そして、私は「もう実体のない景気回復はない」と確信したのです。

それを裏付けるかのように、株価は坂を転がり落ちるように下落していきました。

当時の私は、株も土地も所有していませんので、株価、地価の下落は、まさに対岸の火事であり、負け惜しみではなく「持ってなくて良かった」と思ったものです。

それでも、徐々に不況が忍び寄ってくることは予感していました。

不動産業の隣が総合建設業、その中の専門工事業の一つが防蟻業です。

一般に、建設・不動産のように裾野が広い業界は、数年遅れで深刻な不況に見舞われるといわれていました。

依正不二の精神で環境を変えていく

そして、バブル経済崩壊は、日を追うごとに本格化します。経済用語の定義では、平成三年三月から、平成五年十月までの景気後退期を指すようですが、実際の影響は極めて長く続き、不動産、金融、建設だけでなく、あらゆる業界に深刻なダメージを与えました。

しかし、バブル経済崩壊の足音が近づいてきても、わたしは「環境は自分自身で変えていかなければならない」という信念をもっていましたので、軸足がぶれることはありませんでした。

仏教には、依正不二という言葉があります。これは、依報《えほう》と正報《しょうぼう》が一体不二の関係にあるという意味です。

「正」とは生命それ自体、つまり自分自身です。「依」とは生命である自分（正）を取り巻く自然世界や環境です。

「正」と「依」は別々のように見えて実際は「不二」。切り離すことができない存在であるということを指しています。

つまり、環境と心身は一体であり、その環境は、常に求道心を持って、切り開いていかなければならないのです。

だから、自分を変え、環境を変えるために努力しました。

当時は、フクビ化学工業株式会社の防蟻・防湿シート工法『アリダンシート』などを主体に扱い、前述の大手ハウスメーカーS社とP社を担当しておりました。

ピコイには、事業のパンフレットがなかったので、自分でつくりました。断熱材もメーカーに直接赴き、技術資料をはじめさまざまな情報を入手し、勉強しました。

こうした積み重ねで環境を変えてきたのです。

そして、「感謝　感謝　すべてに感謝」を念頭に置いた毎日でした。この精神はゆるぎないもので、すべてを前向きに捉えることで、どんな障害も乗り越えられたものです。

その結果が、前述の「七年間で東京営業所の年商を十一億円にまで上げた」ことに繋がるのです。

バブル経済崩壊は、私の「外」では確実に起こっていました。しかし、私の「内」では、元々バブルなるものがなかったため、すべてが実体であり、それを骨太で肉厚な形にして、より大きくさせ、成長を続けていくことができたのです。

六　難聴発症

右耳は聞こえず、今も続く耳鳴りとの付き合い

私は、二九歳のときに右耳が突発性難聴を発症するという憂き目に遭っています。今日に至るまで、右耳は聞こえません。おまけに耳鳴りが続くのです。疲れやストレスが溜まると、ジーッと耳鳴りがひどく蝉の鳴くような音が聞こえてきます。それまで、健康には自信があったので、猛烈にショックでした。

しかし、入院中「この程度のことでオタオタしているなんて恥ずかしい」と思ったことがありました。それは、同じ病室に腎臓移植をした二人の患者さんがおられ、その方々のお話を聞いたからです。

その当時は、腎臓移植に成功しても、その後一〇年以上生きているケースはないというのが、医学界の常識でした。お二人は、そのことを覚悟しながら、人生をとても大事に踏みしめ歩いておられたのです。

私には、右耳は聞こえなくても、左耳は立派に機能しています。もちろん、体も健康です。

「こんなありがたいことはないじゃないか！　入院して足踏みなんかしている場合じゃない！　日々、一歩でも先に足を踏み出し、先に進まなければならない！　俺は、かならずナンバーワンになる！　そして、ピコイ東京支店（当時）を業績ナンバーワンの拠点にする！」と、固く決心したのです。

一病息災

このとき、一病息災という言葉を思い出しました。もちろん、無病息災に越したことはありませんが、病知らずだと、意外に油断するものです。

しかし、なんらかの病気があれば、それをきっかけに注意をするようになります。そして、かかりつけのお医者さんに、それ以外の病気のことについても相談する機会ができるようになります。こういう習慣を身につけることは、健康管理にとって最も効果的であることに気付きました。

そして、改めて、耳鳴りは一種のバロメーターであると思うようになりました。仕事に燃えている時は聞こえませんが、ちょっと休んで冷静になると、「蝉の声」が聞こえてくるのです。

今は、耳鳴りとは、楽しんで付き合っています。マイナスには考えず、プラスに考えております。

健康は自分の意思がつくりあげる

まさに、病気は学びのチャンスであると思います。病気という「失敗」は、それを克服することによって、様々な「成功」に繋がるのです。

そして、病気を含め、自分に降りかかる物事のすべては、自分に原因があると思うようになりました。私は、平成二十二年九月に、白内障で両目の水晶体をとる手術をしています。これは、糖尿病が原因しているもので、やはり自分自身に原因があったわけです。

治療はお医者さんがしてくれます。しかし、その後の健康管理、ひいては生命力の維持向上は、すべて自分自身の責任なのです。同時に、これは日常業務の現場事故にもいえるのです。

私は、口を酸っぱくして「絶対無事故」を唱えています。これは、こうした病気の経験を踏まえて生まれた信念なのです。原因さえしっかり把握できれば、結果はどうにでもなります。病気も事故も百パーセント防げるのです。

そして、無病、無事故で救われるのは、いうまでもなく自分自身です。もちろん、自分を支えてくれる家族や社員の幸せにも大きく影響してくるのです。各々の心がけ次第で、幸せは手に入れることができると、病気をして知ったのです。

七　笠井流ビジネスの根本軸を確立

「両輪営業」の原点

改めていうまでもなく、ピコイへの入社は、私のビジネスマン人生の中で、最大のターニングポイントです。

もちろん、日々の営業活動は厳しいものがありますが、何もかも当たり前のようにやってきました。不平、不満、愚痴などは、一切いわなかったのです。

「自分が力をつけなければ未来はない」という考えが根っこにあったので、できたことなのです。疲れなんか、感じたことがありませんでした。

一日のなかで成長していくことを実践していく中で、「東京は笠井流でやれ」と近藤社長にお墨付きをもらい、現在の躍進のビジネススタイル、そして自分自身の根本軸となる考えを確立してきました。

その一つが両輪営業です。

私は、日々「点（店）と点（店）を結ぶ営業」を繰り返していました。

水曜日に工務店さまが定休日でも、管理会社さまは営業しています。工務店さまに訪問できない日には、管理会社を集中して訪問すれば、ムダが一切発生しないのです。これが私の両輪営業の原点なのです。

当時、マンション・不動産業のR社さまから仕事をもらうため、その子会社の管理会社さまを窓口にして営業を展開していました。

例えば、マンションにおいて、アルトピアの浴室換気乾燥暖房機『バスカラット』や、シャワートイレの設置相談会を毎週日曜日開催します。そして、同時に、共用部や専用部の鉄部塗装や簡単な修繕などのメンテナンスも行うのです。

このように、時間を有効に使うこと、ひいては時間は自分で作るという、現在の躍進のビジネスの基本を学び、身につけたのです。

今生の恥よりも後生の恥を知れ

また、管理会社さまとお付き合いをすることで、学んだことはたくさんありました。

例えば、断熱ボードに結露が出るクレームもその一つです。

その原因を調べてみると、断熱材のウレタン吹きつけが規定の一五ミリ厚に達していなく、六〜七ミリしかない場合があるのです。さらに断熱処理すらしていない部分もあります。

仕事というものは、目に見えないところほどきちんとやらなければダメなのです。そこに人間性が表れるのです。

これは「今生の恥よりも後生の恥を知れ」というべきでしょう。見ていないときや、見えない部分に関して完璧な工事をすれば、今生の恥も発生しません。もちろん後生の恥もありません。

もし、今の恥をそのまま放置しておくと、必ず後からクレームになります。そして、目の前で起きている恥は受け入れるべきなのです。死んでからの恥のほうがもっと恥ずかしいのです。

これは、私の原点ともいえる精神軸の一つなのです。

この精神で、管理会社からの仕事には、徹底した施工管理を貫きました。

その結果、マンション・不動産業のR社においては、ウレタン断熱を標準設計仕様として採用してくれるようになったのです。さらに、アルミ手すり、立体駐車場なども採用してくれました。

そして、お客さまの求めているものと、それを造ってくれる会社のパイプが何本もできるようになりました。

大事と小事

二宮尊徳翁の言葉に
「大事をなさんと欲せば小事をおこたらず勤むべし」

という言葉があります。大事を為そうとする者は、目の前の小さなことを疎かにしてはいけないということです。

小さな仕事をきちんとできない人間は、当然ながら大きな仕事なんかきちんとできません。一万円の仕事も一千万円の仕事も同じなのです。小さな工事の積み重ねが大きな仕事になるのです。

日々の業務においての小さなことも重要です。例えば、郵便切手一枚を貼る際も、曲がっていて、四隅が揃っていなかったら、もう仕事ではないのです。

これはまさに、ビジネスマンだけでなく、人間としての大事な原点です。この精神を捨てれば、大きな間違いを犯します。

そして、常に原点回帰を続けていなければ、人間はダメになります。

一段一段きちんと踏まえて階段を上るとき、一〇段目の景色と二〇段目の景色、さらに五〇段目、百段目の景色は、ぜんぜん違うはずです。その景色の違いは、一段一段をきちんと踏みしめた人間でなければ分からないものです。

遠回りになるかもしれませんが、着実に一歩一歩を歩み、努力を積み重ねてきた人でなければ実感できないと思っています。

有限実行で言い訳しない

そして、「両輪営業」にも「大事をなさんと欲せば小事をおこたらず勤むべし」にも、有言実行の精神が不可欠なのです。

これは、不言実行をもじった言葉で、いまや当たり前のように浸透していますが、プロ野球選手、監督としても活躍した落合博満さんの造語なのです。

私もよく自分のいったことを履行するときに有言実行を用います。要するにみんなの前で公約したことは必ず守るという決意なのです。

もちろん、自分でいったことはどんなことをしても実現してきました。そして、自分でいったことで社内に大きな流れをつくる。それをいい方向にもっていくようにする。これこそが真の公約履行、有言実行です。

有言実行は、自分との闘いです。すべて自分に言い聞かせているわけです。人間は、弱いものです。その弱さは、自分自身が一番良く理解してします。有言しなければ、「私はなにもコミットメントしていない」という言い訳に逃げることができます。しかし、これでは、自分自身を鍛えることも成長させることもできないと私は考えています。

読書により自分の行動を証明

ピコイ入社をきっかけに、近藤社長の指導もあり、本も読むようになりました。歴史書と伝記が主体でした。歴史書には、多くの人物が登場します。登場人物の一挙手一投足から、日本人の心にあたる部分の原点を見出そうとしたのです。心というのは時代が変わってもそんなに変化するものではありません。その本質を歴史書から学びました。

経営の成功者の偉人伝では、例えばパナソニック創業者の松下幸之助翁の著書に、自分と同じ意見が書いてあったりすると、まさにわが意を得たりという気持ちになりました。

中でも、一番感銘をうけたのは、創価学会・名誉会長である池田大作先生の『人生問答』のなかで、松下幸之助翁との対談の部分でした。

私や家族は、宗教法人・創価学会の会員ですが、ここでは、私が身につけている次元とは、まったく違う部分で物事をやりとりする様子が描かれていました。自分とはあまりにもかけ離れているので、逆に大いなる衝撃を受けたものです。

そして、読書をすることによって、自分が実践で身につけたことが、正しいと証明されたと思いました。それが大きな自信につながったのです。

若いころは〝身稽古一辺倒〟で、ありとあらゆるものを身につけてきました。しかし、実践を積んだ後で、本を読むのです。そして、自分の行いの正しさを確かめ、身につけた知識の有効性を証明してきたのです。まず経験があり、その後知識がついてきたので、「論語読みの論語知らず」にならずに済みました。

八　劇的な平成の世相の移り変わり

なんでこの時代に戦争なんて起こるのか

私のピコイでの歩みは、まさに順風満帆でした。驀進したといっても過言ではないでしょう。時代が平成になってから、運が向いてきたのかもしれないと密かに思いながら、日々の新聞に目を通すと、驚くようなことばかりでした。

平成三年一月十七日、いわゆる湾岸戦争が勃発するのです。紛争ではなく戦争なのです。

「平成のこの時代になぜ戦争が起こるのか」

本当にびっくりしました。

その前年の平成二年八月二日、中東・イラク（指導者はサダム・フセイン氏）は、隣国クウェートに軍事侵攻します。

クウェートには、ルマイラ油田というのがあり、ここから大量採掘を行っていたようです。しかし、この油田は、イラクも領有を主張していました。その帰属を巡って、過去に何度も対立しており、それがついに爆発したのです。

イラクの軍事侵攻に対し、国際連合安全保障理事会（国連安保理）は即時無条件撤退を求める安保理決議を採択しますが、これには効力はありません。

軍事圧力をかけるにしても、国連軍というのは、国際政治の側面から考えると編成不能です。そのため、アメリカが中心となり多国籍軍での攻撃を決め、平成三年一月十七日に、いわゆる「砂漠の嵐作戦」が決行されるのです。

それから、「ペルシャ湾での石油流出」「トマホーク巡航ミサイル」等々の文字が連日の新聞紙面を賑わし、日本も、同盟国として戦費の拠出と共同行動を求められたのです。

そして、この影響が、平成四年六月十九日に成立した「ＰＫＯ協力法」に繋がっていくのです。これにより、国連平和維持活動などに協力するため、自衛隊の海外派遣が認められたのです。

時代は、平成から令和になりましたが、憲法改正などの議論は続いています。湾岸戦争は、自衛隊のあり方、憲法九条、集団的自衛権などを考える根本となった出来事と認識しています。

何でもありの政治の世界

平成三年は、湾岸戦争をはじめ、九月十一日には、いわゆる「九・一一」アメリカ同時多発テロ事件があり、その影響で平成五年三月二十日には、イラク戦争が勃発します。

しかし、国内では、平成五年八月九日に、細川内閣が成立します。その前月、七月十八日に投票された第四〇回衆議院議員総選挙で、自民党の小沢一郎さん、羽田孜さんらのグループが造反し、新生党を結成します。

選挙の結果、宮沢喜一さんが総理大臣を務めた自民党は単独過半数に届かず、「五五年体制」は崩壊。日本新党（当時）代表の細川護熙さんが第七九代内閣総理大臣に任命されたのです。日本新党、日本社会党、新生党、公明党、民社党、新党さきがけ、社会民主連合、民主改革連合の八党連立による非自民・非共産連立政権なのです。

しかし、「こんな寄せ集め内閣でうまくいくのか」というのが正直な気持ちでした。

案の定、平成六年四月二十八日までの短命政権に終わりました。

続く新生党党首・羽田孜さんが総理大臣になりますが、これは在任六四日で退陣します。

代わって成立したのが、自民党と社会党、新党さきがけの三党連立で六月三十日に発足した村山富市内閣です。

しかし、自民党と社会党が手を組むなんて信じられませんでした。しかも、自民党は、自らの総裁である河野洋平さんではなく、社会党委員長の村山さんを首相指名したのです。

「昨日の敵は今日の友なんて暢気な言い方じゃない。本当に、政治家という人たちは、なりふり構わず何でもやるんだな」

平成という時代はすごいことが起こる。昭和の常識なんて通用しないのだと、しみじみ思いました。

まるで怪獣映画のような被害に唖然

しかし、平成における私の歩みの中で、極めて衝撃的だった年は、平成七年です。いうまでもなく、阪神・淡路大震災と、地下鉄サリン事件が発生したからです。

阪神・淡路大震災は、平成七年一月十七日に発生した兵庫県南部地震によってもたらされた大規模地震災害です。

当日、朝のニュースで「近畿地方に大きな地震があった」ことを知らされたのですが、関東大震災の再来を恐れていた私たちにとって、地震には縁のないと思われた関西地方で大きな地震が発生したこと自体、あまりにも意外でした。

しかし、時間が経つにつれ、その被害の大きさに唖然としました。

あちこちで起きている火事。倒壊した家屋。横倒しになったビル。高速道路まで横倒しになってしまいました。

私たちも、ピコイの大阪支店に関東からブルーシートを送り、お客さまに渡すなどの援助をしましたが、冗談ではなく、「怪獣映画でも見ているのではないのか。こんなことは、関東でこの瞬間にも起こることなのだ」と、身の毛がよだつ思いでした。

死者数は六四三四人、全壊家屋一〇万四九〇六棟、被害総額一〇兆円に上ったのです。

しかし、この経験を踏まえ、耐震を中心に住宅法制が大きく変わりました。住宅性能も、耐震性をより重視するようになり、新たな耐震工法がどんどん生み出されたのです。

平和な日常生活が神話となった「テロ」「カルト教団」

平成七年のもう一つの大惨事といえば、地下鉄サリン事件です。これは、宗教団体・オウム真理教によって引き起こされた無差別テロ事件です。

昭和の時代は、「テロは政情不安な外国で起こるもの。日本は無縁だ。せいぜい起きても『ハイジャック』ぐらい」と思っていました。

しかし、平成七年三月二十日、当時の私もよく利用していた営団地下鉄（当時）丸の内、日比谷、千代田の各線において、運転中の車内に神経ガス「サリン」が撒かれたのです。

オウム真理教は、平成元年に「坂本堤弁護士一家殺害事件」を引き起こし、平成六年六月二十七日には「松本サリン事件」、そしてこの「地下鉄サリン事件」などのテロ行為を続けてきました。下手をすれば、私は殺されていたかもしれないのです。

サリンは、あの悪名高いテロ集団・アルカイダですら使ったことのない化学兵器であり、それを使って、大量殺人事件を引き起こしたのです。

そして、平成七年五月十九日、山梨県上九一色村にあるオウム真理教の施設に、防毒マスクをつけた多数の捜査員、機動隊員による強制捜査が行なわれ、教祖である麻原彰晃こと松本智津夫容疑者は逮捕されたのです。

その後、「テロ」「カルト教団」というのは、平成の常識のひとつなのではないかと思えるほど、我々の日常生活に、不安な影を落としました。「世界一の治安を誇る国家」という神話は、狂信的な一団によって、いとも簡単に崩れ去ったのです。

そして、同時に「平成の空気そのものは、昭和とは何かが違う。この空気の澱みこそが、得体の知れないものを生み出すんだ。それが平成なんだ」と、私の中の昭和が、平成によって塗りつぶされていく感じがしました。

平成時代最大のビジネス革命

ピコイ時代から現在に至るまで、日々の業務管理、情報収集などで、パソコンは大きな変革をもたらせてくれました。

しかし、ピコイ入社時には、パソコンはごく一部の専門社員が使うもので、請求書発行などの一部の業務のみに機能していました。もちろん、携帯電話なども普及していませんでした。まさに、全般的にアナログな業務遂行でした。

お客さまに見せる見積りやちょっとした文章などは、まず手書きで下書きし、ワープロ専用機で清書するような業務が最も馴染み深く、これだけでも画期的な感じがしました。

しかし、平成七年に、マイクロソフト社からウインドウズ九五が発売されたとき、現在のアイコンにマウスを合わせて操作するやり方が登場します。これは、以前からアップル社のＭａｃに搭載されていたシステムでした。それを、マイクロソフト社が真似て、元々普及していたＭＳ－ＤＯＳのユーザーに利用させ、あっという間に普及させたのです。

そして、平成十年にはウインドウズ九八が登場し、家電量販店におけるパソコンの販売価格も二〇万円を切るような時代になります。そうなると、専門職の持ち物だったパソコンも、一般のビジネスマンが気軽に利用できるようになったのです。

ワード、エクセル、パワーポイント、アウトルックなど、平成のビジネスマンなら、誰もが使いこなせるアプリケーションです。

そして、いまでは学校でパソコンの授業が行なわれています。パソコンは、筆記用具の一種となり、誰もが使えて当たり前のアイテムになっています。

コミュニケーションのあり方が一変

パソコンの普及がビジネス革命なら、インターネットと携帯電話の普及は、まさにコミュニケーション革命でしょう。

現在、私はオフィスのデスクトップ型パソコンと、スマートフォン、タブレットなどを駆使しながら、様々な日常業務にあたっていますが、ピコイに入社後初めて携帯電話をもったときに、今日のようなネット社会の到来など、夢にも思いませんでした。「サーバーにアクセスしてデータをダウンロードする」などという言葉は、平成初期には、専門家が使う呪文のようなものでした。

インターネットも、これほど身近になるとは思いませんでした。分からないことは、すぐに検索エンジンにかければ、大抵の答を得ることができるのです。

また、コンピュータや携帯電話だけでなく、ゲーム機器、各種家電などにもインターネットに繋がる端末機能が備わっています。

端末にアプリケーションソフトをインストールしていないクラウドコンピューティ

ングなども当たり前のシステムになりました。

ＬＩＮＥやＦａｃｅｂｏｏｋ、ＩｎｓｔａｇｒａｍなどのＳＮＳの普及も、人と人との距離を大幅に縮め、アナログなやり取りが大幅に減少し、すべての面で効率化が図られたのです。

昭和後期にはテレビが普及しましたが、相互にやり取りができるネットの普及は、平成という時代が、情報活用のあり方の方向付けをしたのです。同時に様々なネット型の犯罪も増えましたが、それはまさに物事の裏と表なのです。

そして、令和時代の主役は、おそらくＡＩ（人工知能）になると思います。

これからの時代は、技術的特異点「シンギュラリティ」が様々に議論され、人工知能が人間に取って代わるのかというテーマが、より身近になっていくと思われます。

しかし、その行く末は、誰もわからないことでしょう。

平成初期に、このようなネット社会を予言できた人がいなかったように、令和時代が終わるとき、どんな社会が形成されているのでしょうか。

日本の、ひいては人類の幸福が確保できている社会であってほしいと思います。

九　ピコイ和議

店頭公開に浮かれ崩壊の序曲が聴こえない

激動の毎日を確実に踏みしめ、一歩一歩歩んできましたが、ピコイは、平成八年十月に店頭公開を果たします。

しかし、それと同時に、社内には不穏な空気が蔓延しました。みんなが有頂天になり、原点を忘れてしまったのです。「好事魔多し」といいます。こういうときこそ、地に足をつけて、今まで以上に平常心をもって事に臨まねばならないのに、浮かれてしまった人がなんと多かったことか。

ピコイが店頭公開を果たした瞬間、まさに「勝ってカブトの緒を締めよ」「勝って驕らず負けて挫けず」の精神で、私は、自分の名刺に「次は東証二部上場を目指すぞ」と謳ったものです。

しかし、社内は店頭公開で浮かれ、とても次のステップを目指すような空気はありません。お祭り気分とは裏腹に、ピコイには終焉の序曲が鳴りはじめていたのです。

不良債権多発と埼玉営業所設立

世の中ではバブル崩壊の余波が続いていました。

店頭公開後の半年間で、東京・新宿のS建設を皮切りに、取引先が軒並み倒産し、私が支店長を務めていた東京支店も、大きな不良債権が発生しました。

回収不能になった取引先は大口で八社、小さいところを含めると一四〜一五社で、不良債権総額は約一億円に上りました。

そして、私も責任をとり、平成九年、次長に降格させられます。そして、入社のきっかけをつくってくれた野口博さんが後任の東京支店長に就任します。

一時は「不良債権発生は不可抗力なのでは」とも思い、「なんで責任問題になるんだ」と自暴自棄にもなりました。しかし、くさっていても、状況は好転しません。何事も行動を起こすことで結果に結びつきます。

そして、平成十年十月に、埼玉に営業所を設け、汚名返上に邁進します。近藤社長の知人が埼玉におり、その人の好意で、無償で事務所を貸してくれたのです。これは、後の躍進の母体となるのです。

一枚岩の組織ではなかった

営業所をつくってから、降格処分から二年半ぶりの平成十一年六月に店長会議に出席しました。そこで感じたのは「店長会の雰囲気が甘くなった」ということです。このままでは、近い将来何か良からぬことが起こると思いました

そして、その予言は的中します。平成十一年十月には、ピコイは、取引先の倒産に伴い、資金繰りに苦慮し、和議申請に至るのです。

私は、男泣きしました。愛するピコイが崩壊したのです。泣かずにはいられませんでした。

大きく失望したのは、近藤社長の下、一枚岩であったはずの組織ではなかったということです。

こういう状況に陥ると、役員の身勝手な態度、無責任な言動が散見し、怒り呆れるばかりでした。役員の一部が融手操作による資金繰りを行っていることも判明しました。

和議により、こうした人間模様が見えたことが、組織が崩壊したことより何倍も悲しく大きなショックでした。

一〇　躍進設立

新たな一歩を踏み出す

和議は、破産と違って、現経営陣が債権者の同意を得て、まさに敗者復活戦に臨むのです。これも、近藤社長の信用のなせる業なのですが、ピコイの一部の役員の態度は、極めて優柔不断でした。

和議開始を申請した段階で、役員たちの対応を見て、私は強く憤りを感じました。でも、何が起きたのか、どうしてなのか、これからどうなるのか、不安だったのかもしれません。

それでも私は、「ここで戦わず、いつ戦うんだ。悩む必要などない。今まで誰の世話になってきているんだ」と激怒しましたが、同調した役員は半分ほどでした。

しかし、それで、はっきりと踏ん切りがつきました。

私は、近藤社長個人についていくことに迷いはありませんが、他の役員とは一緒に歩んで行けないと感じました。価値観が違う、営業のスタイルが違いすぎたのです。私は、自分なりのやり方で、ピコイ再生の一助になりたいと思い、「私に権限をください。そうでなければ給料をカットしないでください」と、近藤社長に直談判したのです。しかし、認められませんでした。

ならば、この際、袂を分かち、いよいよ自分の人生は自分自身の手ですべてを切り開いて歩んでいく時が来たと決心したのです。

当然、和議開始の申請をして、すぐ辞めるわけにもいきません。近藤社長に対する恩義もあります。引継ぎを含め、やるべきことを果たしてから辞めようと思いました。

結局、辞めるまでに、約一年かかりました。

そのような中、和議が開始され、各拠点の処理について話がなされ、埼玉営業所は私に任せて、独立も認めてくれ、平成十二年十月に躍進を設立することになったのです。

本音、本心、本気で語れる仲間と歩む

躍進を設立するにあたり、決意したことの一つに、仕事を依頼した先に対して、一

円たりともお金が支払えないようなことになった場合、会社を畳もうということでした。

これは、ピコイの和議に接し、債権者の気持ちになれば、「なんで仕事したのに、品物を納めたのに、お金がもらえないんだ」という当たり前の気持ちが、痛いほど分かったからです。

そして、躍進の原点「人生航海」の冒頭にある、本音、本心、本気で語れる仲間とだけ、いっしょに歩んでいこうとしました。

会社にとって、一番恐ろしいのは足並みが揃わないことです。これも、ピコイの和議の経験から学んだことです。気持ちがバラバラでは、特にピンチのときに上手くいかない。だから、本音、本心、本気で語れる仲間だけと仕事をしていきたいと決意したのです。

いうまでもなく、躍進は、ピコイで私がこれまで歩んできた延長線上にあると思っています。

そのため、「『両輪営業』の確立」「大事と小事」に加え、「環境は自分で変えていく」「俺がやらねば誰がやる」「一日の中で成長していく」などを躍進の礎に据えました。

これを実際の仕事で証明することになるのです。まいた種に花を咲かせ実を結ばせるために、躍進は突き進みます。

不死鳥のピコイ

和議を申請した会社の九五％は、再建計画を果たせず倒産していくのが普通ですが、ピコイは復活しました。

和議に当って近藤社長は「ピコイの債務の五三％を弁済する」という条件を提示し平成十二年十一月、裁判所から認可を得て再建のスタートを切りました。

債務の額は六〇億円以上、その五三％は三三億円です。その三三億円を平成十七年一月までに返済するという再建計画を二年半前倒しする形で完済し、晴れて普通の会社に戻ったのです。

同時に、近藤社長は会長に就任するも、平成十八年八月にはピコイから一旦身を引くことになります。

再建に当っての金策面では、銀行のシンジケートローンの応援もありましたが、このピンチは、やはり近藤社長を慕う社員が一丸となって頑張り、ピンチを乗り越えたからなのです。

私は、躍進の社長という身分で、ピコイの再建に陰日向になって応援してきたつもりです。

自分の意思を貫き通すとき、例え横槍がはいったとしても、「誤解され嫌われてもかまわない」という覚悟があれば、一切動じることはありません。そのことは、近藤社長の振る舞いをみれば何もかも分かりました。そこに、事実と真実の違いがあるのです。

そして、近藤社長と共にピコイを再建した社員は、みな近藤社長と本音、本心、本気で語れる仲間なのでしょう。

ピコイの再建に接し、わが身を振り返ってみると、躍進の仲間は、私が人生のピンチに陥った時でも、私についてきてくれる社員ばかりだと、改めて思いました。そして、仲間に強い信頼を置きながら、一人ひとりの顔を思い浮かべています。

二　理念、組織のあり方を考える

信頼できる仲間があってこそ

躍進を創業し、「今度は一国一城の主である」として、気持ちを引き締めました。武道の「守破離」の精神ではありませんが、自らが教えていただいたことを守り、他の良いものを取り入れて型を破り、元の流派から離れていくということを、体現しなければなりません。

そして、本音、本心、本気で語れる仲間と仕事をしなければ、疑心暗鬼になって、本当の力が出せない、仕事に集中できないと思いました。

なぜなら、ヒト・モノ・カネ・知恵・情報・時間の、経営資源のなかで、一番大切なのはやはりヒトだからです。

そしてカネに対しても、これまで以上に、厳しく向き合うことにしました。きれいごとをいっていては、結果を生み出せないと、気持ちをより強く変えていき

根幹軸をぶらさずに理念を変えていく

そして、利益なき理念は罪悪と認識すべきです。

一般には、理念なき利益は罪悪のようにいわれていますが、その経営理念が一切の利益をもたらさなければ、その理念自体が間違っているのです。考え直さなければいけません。

そして、理念は、時代と共に変化します。次代に経営をバトンタッチするとき、そのトップがその時代にあった理念に変えてもいいのです。

しかし、理念の根幹軸、不易流行の部分だけは、大きく変えてはダメなのです。軸を変えることなく、時代に沿ったやり方、言い回しであれば良いのです。

その時の社会情勢を鑑みて、人の心を掴む活字であれば良いのです。むしろ、どんどん変化してもらいたいと思っています。

シンプル・イズ・ベストであり、誰にでも分かりやすく簡単であることが大事です。学者が唱えるような難しい言い回しではダメなのです。いつの時代にも変わらぬ、人と人とのコミュニケーションの基本がそこにあると思います。

一二　ＦＲＰ防水を柱にする

どこにも負けないコア・コンピタンス

躍進は、ＦＲＰ防水をコア・コンピタンスとしました。

コア・コンピタンス(Core Competence)とは、ウィキペディアによると、「ある企業の活動分野において『競合他社を圧倒的に上まわるレベルの能力』『競合他社に真似できない核となる能力』を指す」とあります。

要するに、最も差別化できる経営資源ということです。それは、商品、技術だけでなく、人材や特許なども指します。

前職は、防蟻のピコイの埼玉支店長だったので、躍進でも、当然防蟻を手がけるのではないかと思われた人もいました。

しかし、私は、ピコイ在職当時から、社内では異端児であり、防蟻よりも防水のほうが大きなお金を生み出すと信じていました。

そして、いよいよ自分で会社を興したのですから、自分のやり方で、思う存分、良質の防水工事を実現し、それをコア・コンピタンスにしようと決意したのです。

ＦＲＰ防水を知ったのは、当時ピコイの常務取締役であった石田昇さんがきっかけでした。石田さんは、盛岡支店を全支店で実績ナンバーワンに押し上げた人物です。

私は、石田さんから「東京・晴海で催されている展示会に赴き、双和化学産業株式会社からＦＲＰ防水の資料をもらい、盛岡支店に送るよう」指示を受けたのです。

その時、私は自分用にも一部、資料を確保しました。そして「石田さんといっしょにＦＲＰ防水をやってみたい」と思うようになりました。

そして、私は高級住宅メーカーのＳ社と、プレカットによる住宅工法で知られるＰ社から、見事受注を得ることに成功するのです。

また、木造・鉄骨造大手Ｓ社からは、子会社紹介につながり、地盤改良工事を受注します。

優良な人質《じんしつ》がコア・コンピタンスをもたらす

私は、ピコイ時代にＦＲＰ防水を手がけたとき、防水市場におけるシェアは二％にも満たない状態でした。

しかし、シェア二％未満の商品だったからこそ、急成長できたのです。これが三％を超えると、黙っていても市場に広まっていきます。

当時、ＦＲＰ防水は、船の甲板で多く見られました。そこで用いられていたのは硬質のＦＲＰ工法でした。しかし、硬質であると、住宅に用いた際、大きな地震のときに割れてしまいます。

そこで、軟質を用いました。しかし、軟質だけだと強度不足になるため、そこにガラスマットを挟み、硬化させると住宅に最も相応しいＦＲＰ防水層が形成されるのです。

そして、躍進のＦＲＰの一番の特徴は、二ＰＬＹ施工を徹底的に行うというもので、一見、他の会社でもできるように錯覚しがちですが、それほど単純なものではありません。技術力、対応力、メンテナンス力の三拍子が揃って初めて可能なのです。

しかも、ドレンまわりには「サンドイッチ工法」を用い、ドレンを「下地、ガラスマット、ドレン、ガラスマット」と挟み込み、さらに樹脂で包み込むという手法を用いています。これには、職人の高い技術が必要不可欠なのです。

このように、コア・コンピタンスの確立に際しても、「企業は人なり」という言葉をしみじみと思い浮かべたものです。

品質は、やはり人質《じんしつ》が作り上げるのです。

モノを作るのも、材料を使って仕事をする技術も、その商品を販売、営業するのも、すべて人間が行うことであります。そして、一人の人間が成長しなければ、良いものは生きず、営業も成功しません。企業活動の原点は、良い人を得て育てることに尽きると強く思います。人材の格差が、業績の格差に反映するのです。

躍進の、FRP防水は、こうした人質《じんしつ》が生み出したコア・コンピタンスなのです。

一三　東京進出と新社屋落成

大市場を押えて躍進ブランドを確立させる

躍進は、平成二十一年九月より、東京市場に本格的な進出を果たしました。

ピコイ時代は、東京が主戦場だったので、古巣に舞い戻るような気持ちでした。

首都圏には、約三千万人が暮らしておりますが、特に一千万都市・東京の持つ市場性の高さは、地元・埼玉県の市場性よりも桁がひとつ違うのです。

だから「東京攻略なくして成長・成功なし」と心に決め、社員一丸となって、市場開拓に乗り出しました。

現在は、東京圏の営業は、本社が直轄して行なっていますが、平成二十二年七月当時、東京・千代田区飯田橋に拠点を設けたのです。

その場所の選定には、故人となってしまった高橋憲治氏の縁が、大きな力となって作用してくれました。

高橋氏は、大手デベロッパーR社の関連会社に勤務していた人物で、私がピコイ時代に、その会社から大口の受注をいただくきっかけを作ってくれた人物です。

その高橋氏は、平成十九年九月に病気で他界してしまうのですが、高橋氏の後輩がどんどん独立し、企業家集団のような組織をつくりました。その拠点が、前述の飯田橋にあったのです。

そして、そのひとつが躍進を迎え入れてくれたのです。こうした縁も、高橋氏が天国から見守ってくれているからできあがったのだと、しみじみ思いました。

東京進出は、躍進にとって必ず通らなければならない通過点でした。

そして、ヒト・モノ・カネ・知恵・情報・時間という経営に必要な要素のうち、やはり「何事もヒトが決め手」と再認識しました。それは、高橋氏が作った人脈が、亡くなったあとでも生きているからです。

まさに、感謝の一言です。そして、同時に、「こうして、与えられた人脈を生かさなければ、高橋さんに対して申し訳ない。必ず東京でもナンバーワンの防水・木材保存業者になるぞ」という決意を新たにしたのです。

百年企業の新たな拠点へ

躍進は、平成二十二年二月二十二日に、現住所に新社屋を落成し、営業を開始いたしました。場所は、以前の本社所在地より南へ五百メートルほど下った、第二産業道路沿いとなりました。首都高速道路の見沼インターチェンジのすぐ近くで、クルマによるアクセスもし易いところです。

「創業以来一〇年間、必死でがんばってきた、その証がこれだ！」という、成果を形で表すことで、社員全員の士気を高めることが、本当の目的だったのです。

躍進は、百年企業をめざしています。それには、まず社員全員の心を一つにすることが大事です。その一つが〝象徴〟の存在です。

規模は木造二階建て延べ二五六・七平方メートルで、意匠・平面プランは有限会社翔建築設計室さま（川越市）に依頼しました。また、躍進の協力業者会であります「常勝会」が、様々な部位について分離発注を請けてくれまして、それぞれのパーツ施工を、それぞれがベストな形で臨みました。

経営的な面から申し上げますと、以前の土地・社屋を、賃貸で利用するよりも、土地も建物も自社で所有し、償却していくほうが、はるかにランニングコストは安くあがります。

しかし、そういう数字的な意味だけで、固定資産としての土地・建物を入手したのではないのです。象徴となる社屋があることにより、自分たちの集う場所、心をひとつにする場所があるというのは、心に大きな影響を与えます。

このような理由から、経営理念と自社所有の社屋は、まさに、社員の心を纏め上げるために、なくてはならないものと認識し、創業一〇周年の節目に、建設したというわけです。

そして、お客さまに対しても、イメージアップに繋がりました。しかし、新社屋建設はあくまで、百年企業としての通過点なのです。それでも、まずは合格点をいただけたのではないかと自負しております。

第二部　闘病と新たなる歩み

一四　脳内出血で倒れる

左半身が動かない！

新社屋で新たなスタートを切って二年九カ月、これからという平成二十四年十一月二十八日午後七時、それまでの私の人生において、最大の事件に遭遇しました。

社内で、脳内出血を発症し、さいたま赤十字病院（さいたま市中央区）に搬送されたのです。

その日は、ある方が亡くなり、お通夜に行き、その夜に起きた出来事でした。

本来なら、お悔やみの後、お客さまとお会いする予定だったのですが、体調が優れなかったので、その約束は急遽中止したのです。

しかし、自宅には戻らず、躍進本社に帰社してミーティングをしていました。

そして、そのときに突然やってきたのです。

頭が痛くなるなどの予兆は一切ありませんでした。しかし、左手でものを取ろうとしたとき、一切力が入らないのです。

何回も取ろうとするのですができない。そして、体がどんどん左側に傾くので、三塚部長（当時）が、倒れないようにと私を支えてくれていたようです。

右脳部分に脳内出血を起こしていたのです。そのため、右脳が支配する左半身に麻痺が生じ、体の左半分が何もできない状態に陥ってしまったのです。

しかし、会社に戻ったことが幸運でした。もし、飲食店で会食していたり、道端を歩いていたりしていたときに発症していれば、ひょっとしたら取り返しのつかないことになっていたかもしれません。それを思うと、本当にぞっとします。

過信と油断

思えば、二、三カ月前から頭に違和感があったのです。頭が痛くて耐えられず、家族にマッサージしてもらっていたのです。

「そのときに病院に行っていれば…」と、悔やむことしきりですが、「大丈夫だ、たいしたことはない」と自分を納得させ、放っておいたのです。まさに、体力に自信があることが過信につながり、裏目に出てしまったのです。

平常時の血圧も正常値でした。健康診断でも問題なく、当然降圧剤などを服用することもなかったのです。しかし、倒れた時の最高血圧は二〇〇㎜Hgを超えていたと思います。

しかし、私には、糖尿病の持病があるため、それが大きく関係していたように思います。

ものの本によれば、糖尿病によりＡＧＥ（Advanced Glycation end Products＝終末糖化産物）と呼ばれる糖化した化合物が発生し、その影響で血管の老化を著しく早め、場合によっては血管壁に穴を開けてしまうとまでいわれています。

おそらくはＡＧＥが、よりによって右脳部分で悪影響を起こしたのではないかと思います。

平成二十一年には、やはり糖尿病の余病で眼底内出血し、目の手術をしています。そのとき、一病息災とばかり、からだの隅々にまで目を配っていれば、きっと脳の血管の異変なども発見できていたのかもしれません。

脳の状態をＭＲＩで検査するなど、用心していればよかったのでしょうが、そういうチェックを一回もしたことがなかったのです。なにもかも後の祭りになってしまいました。

夢うつつのなかに見たもの

会社で倒れ、救急隊員が来たことも覚えています。救急車のなかで、隊員に自分の名前を聞かれ、その受け答えをしたことや、躍進の取締役でもあった妻・法子の「安心するように。大丈夫、大丈夫」という声も、途切れ途切れながら記憶にあります。

しかし、さいたま赤十字病院（さいたま市中央区）に担ぎ込まれ、ベッドに寝かされたことまでは覚えているのですが、その後はまったく分かりません。

そして、その後、いわゆる「臨死体験」をするのです。

暗い道をどんどん進んでいくと、私のまわりにランドセルを背負った少女が現れ、ケラケラ笑いながら飛び回っているのです。

さらに、川縁に到着し、対岸にカラフルなお花畑があり、そこには抱っこされている赤ちゃんから、お年寄りまで、多くの老若男女が横一列にならんで、こちらを見て「おいで、おいで」をしているのです。

この二つだけは極めて鮮明な映像として、はっきりと覚えています。

しかし、私は当然ながら洋服を着ており、川を渡ると服が濡れるのでいやだなと思い、振り返って歩いてきた道を引き返したのです。そして、気がついたら、病室だったのです。

それでも、無事に生還したわけではなかったようです。

私のベッドのまわりに、先ほどのランドセルを背負った女の子が、空中を飛び跳ねながら遊んでいるのです。これもまた、極めて鮮明に記憶に残っております。

女の子は、病室のテレビの裏側に隠れます。しばらくすると、姿を現し、ケラケラ笑いながら病室を飛び跳ねるのです。これを何回も繰り返すのです。

そして、女の子はケラケラ笑いながら「手をつなごう」と、手を差し伸べてくるのですが、自分の手を動かすこともできず、結局手をつながないままになりました。

そうこうしているうちに、女の子は姿を消し、現実の世界を取り戻したのです。まさに、生死の境をさまよっているような体験でした。「臨死体験」をした多くの方が、異口同音に同じようなシーンに遭遇しているのは、実に不思議なものです。

一五　奇跡的に一命を取り留める

ベッドのなかで泣く日々

何とか一命は取り留めたものの、現実を受け入れたくない気持ちがそうさせたのかもしれませんが、入院した翌日、私は病室で「おーい。ネクタイを持ってきてくれ」といっていたのです。

しかし、誰も反応してくれないので、何度も声を上げ、その声も怒鳴るようにどんどん大きくなっていきました。すると、看護師さんが現れ「ここは病院ですよ」とおっしゃる。

それでも「早くしないと遅刻する」と怒鳴るものだから、自宅に連絡が行き、妻・法子が朝早く来院し、私を諭してくれたということがありました。

周りをよく見渡せば、ここが自宅ではないことが分かるのですが、意識が混濁しているため、病室と自宅の違いどころか、倒れたことすら把握できないでいたのです。

そこからが、まさに生き地獄でした。再び体調が悪化することはなかったのですが、体は一切動かない。文字通り、自分では何もできないのです。

病院のベッドの中で、ずっと泣いていました。「いっそ、死んでしまったほうが楽になれるのではないか」とも考えました。

しかし、半狂乱、自暴自棄になることと同様に、そんなことをすれば家族や会社の社員たちはとんでもないことになってしまいます。それは極めて卑怯なことです。

そして、「ここで立ち上がらなければ、いつ立ち上がるんだ。ピンチはチャンス。良いチャンスじゃないか」とばかり、全身に鞭打つような気持ちで奮起したのです。

オムツ

さいたま赤十字病院に搬送されて初日、「トイレに行きたい」と思っても、当然一人では行くことができない。「オムツをしているから、そのまま（排尿・排便を）していいんですよ」といわれたのですが、とても恥ずかしくて辛かったです。

「おれはオムツをしているんだ…」この現実を受け入れることに精一杯でした。

さいたま赤十字病院に搬送されてから二〇日後、さいたま市民医療センター（さいたま市西区）に転院し、本格的なリハビリがはじまりました。

立つことなんか、今まで何も考えずにできていました。しかし、そんな簡単なことすらできない現実に打ちのめされました。

「それじゃ歩くことなんか、程遠いじゃないか」

大きな不安と挫折感に陥りました。この時の心境は、今でも忘れません。そして、またしても弱気になり、リハビリで上る階段の最上階から飛び込んで、死んでしまおうかとも思いました。

今まで、当たり前のように身体を動かし行動していたことは何だったのでしょうか。何不自由無く当たり前にできていたことに感謝せずにはいられませんでした。

しかし、冷静になり、今まで五体満足に生きてこられたことの方が奇跡だったのではと強く感じました。命が助かったことに感謝すると同時に、改めてこの病気を克服し、必ず社会復帰するぞと決意したのです。

それでも、精神的なダメージは大きなものです。特に、「オムツ」をしなければならないことは情けなかったです。

日蓮仏法に救われる

そんな現実を受け入れるまで、大きな葛藤もありました。受け入れられない自分も居るのですが、受け入れなければ、前に進むことができないという冷静な自分も居るのです。

半狂乱になりそうな弱い自分に対し、「これからが闘いだ。負けないぞ」と自らを鼓舞し、自暴自棄になりそうな自分を、もう一人の自分が押さえるという葛藤の繰り返しでした。

一寸先は闇、明日の身どころか一分一秒先のことも分からない、人の命も当てにはならないのが世の常で、ましてや体が動かない身であれば、その不安はどんどん大きくなる一方でした。

その救いとなったのが、日蓮仏法でした。

前述の通り、私や家族は、宗教法人・創価学会の会員であり、日ごろより日蓮仏法を実践しています。この信心があったればこそ、強く「生きよう」という気持ちになれたといっても過言ではないのです。

私の一番好きな御書の一節には、

「我並びに我が弟子・諸難ありとも疑う心なくば自然に仏界にいたるべし、天の加護なき事を疑はざれ現世の安穏ならざる事をなげかざれ、我が弟子に朝夕教えしかども疑いをこして皆すてけんつたなき者のならひは約束せし事をまことの時はわするるなるべし」とあります。この教えどおり、この難局を信心をもって乗り越えようと決意いたした次第です。

そして、「此の曼荼羅能く能く信ぜさせ給うべし、南無妙法蓮華経は師子吼の如しいかなる病さはりをなすべきや」とあるように、命あっての物種、命があったことが最高の功徳であり、感謝しなければならぬと誓いました。

胸中唱題

ベッドの中で苦悶しながらも、「起きてしまったことを悔やんでも、良い結果は生まれない」と、自身に何度も何度も言い聞かせ、私は、声には出さず、心のなかで何度もお題目を唱える「胸中唱題」を実践しました。

南無妙法蓮華経の「妙とは蘇生の義なり。蘇生と申すはよみがへる義なり」とあるように、自分をよみがえらせるために、お題目の力を信じ、病室では、「胸中唱題」

を実践しました。

声に出せば、他の患者さんの迷惑にもなりますので、病室で胸の奥底において、ずいぶんとお題目を唱えました。

私の中でもし、半狂乱になってしまう自分と、冷静に病気と闘おうとしている自分がぶつかったとすれば、やはり取り乱してしまう自分の方が強いような気がします。

そんな自分を、正しい方向に導いてくれたのが、日蓮仏法なのです。

半狂乱になれば、家庭も会社もすべてを壊すことになるのです。もし半狂乱になってしまったら、その先に自暴自棄になってしまう自分が居り、それを怖いと思うもう一人の自分も居ります。

なんとしてでも本来の自分を取り戻さなければならないと思い、何度も南無妙法蓮華経を「胸中唱題」しました。自分の中に弱さを見つけると、胸中で必死にお題目を唱えました。もう、それしかなかったのです。

病気と向き合うには、医学的、科学的な治療・施療に加え、苦難を乗り切る心の整理が必要です。その心の整理は、皆さん各々の価値観によるものです。私には、日蓮仏法の教えに基づく確固たる価値観がそうさせたのです。

そして「胸中唱題」をすることで、自分の心の整理をつけることができ、大事なものを失わずに済んだのです。

もちろん、こんな体になってしまったことを良いことだなどとは、これっぽっちも思うことはできません。当然、簡単には受け入れることはできませんでした。入院期間中にも様々な葛藤がありました。

そのなかでも、よく冷静さを保つことができたなと驚いているくらいです。「胸中唱題」のご利益は、極めて大きなものといえます。

一六　第二の人生スタートと苦悶の日々

リハビリは己との闘い

さいたま市民医療センターを退院するまでの、五カ月間の入院生活・リハビリは、極めて厳しいものでした。

立つことも不安定で、歩行はできず、車椅子での生活のリハビリが、一日二回ありました。

眼前の目標は、二足歩行ができるようになることです。私の周りには、同じ障害を持った患者さんが周囲に多くいましたので、励みにもなり、自分に負けてなるものかとの負けじ魂にも火がつきました。

しかし、それでも仏法でいう「煩悩即菩提」でした。即ち、希望と挫折の繰り返しの日々でした。

一日の中でも、希望の心が芽生えたり、急に不安になったり、へこんで落ち込んでしまったりするのです。家族やお見舞いに来てくれた方々の励ましで元気になるのですが、何かにすがり、何かに落ち込む等、明暗を行ったり来たりであった気がします。死んでしまいたい、もうどうでも良いという精神状態にもなりました。しかし、すべて心が揺れ動くのも自分次第であり、「依正不二」の如く「誰がじゃない、すべて自分のことである」と言い聞かせました。

まさに、自分との闘いです。まさしく「最大の敵は弱き心の己」です。それまで、自分とこんなに向き合った時間も無かったし、こんなにも苦しい葛藤もありませんでした。特に、妻・法子の前では心配かけまいと強がっていたのも事実です。

宿命を使命に変える

しかし、リハビリ以外では、時間がたっぷりありましたので、創価学会・名誉会長である池田大作先生の指導集を読みあさりました。そして、元気、やる気が何百倍になっていく自分がいました。

特に先生の病気に対する指導の中で、

「病気になることが不幸では無い、病気に負けることが不幸なのだ」とあります。そして「病気という宿命を我が使命に変えて行くんだ」とあります。

これを読んで、私の目の前がパッと明るくなりました。

「自分には、まだまだやるべき使命があるんだ。ここでへこたれてなんていられない」

「これが、これまでの人生で一番大きな山である」

と同時に、これからも数々の山を乗り越えて行くのに、ここで潰れるわけにはいかない。そう覚悟を決めたのもこの時でした。

「胸中唱題」している時に、ふと自分を見つめ直し、人生の棚卸もこの機会にしようと思い、何故、自分はこの世に誕生したのか、この世で果たす使命は何かと、日々の入院生活の中で、考えるようになりました。

「胸中唱題」も、日に日に祈りが強くなり、良い方向へ、強い自分へと変わって行くのが、実感できました。

聖人御難事《しょうにんごなんじ》の一節に、

「月々日々につより給へ。すこしもたゆむ心あらば魔たよりをうべしの如く」昨日より今日、今日より明日へと、少しでも前へ日々精進して行こうと「師子王《ししおう》の心」を取り入れ、日に日に新たなる気持ちで強盛な信心を奮い起こして行ったのです。

病院の起床時間である六時の一時間前には、起きて「勤行唱題」を実践しました。毎日一時間以上と決め、お題目あげ、職場・社会復帰を祈念していました。時には三時間から五時間と、小声でお題目を上げて行きました。

前述のように「妙とは蘇生の義なり。蘇生と申すはよみがへる義なり」とあるように、メキメキと生命力は回復し、すべてのことに前向きに捉えられるように、何事にも挑む精神力が宿るようになりました。

五カ月ぶりに帰宅

さいたま市民医療センターへの転院から五カ月後の平成二十五年年四月二十八日、さいたま市民医療センターから退院し、自宅療養に切り替えました。

まさに、日蓮仏法の実証であります。予定通り退院でき、念願の我が家の御本尊様（曼荼羅）の前で、「勤行唱題」する事ができた時は、安心感の余り涙が止まらない思いでした。今までに味わったことのない心境を、今でも鮮明に覚えています。

報恩感謝と職場復帰・社会復帰の誓願のお題目を開始したのも、我が家に戻ってからでした。病院での「胸中唱題」よりも、御本尊様（曼荼羅）に向かって行なう「勤行唱題」を、朗々と上げることができる喜びはひとしおでした。

そして、我が家に戻ってから、社会復帰に向けた通所リハビリをしながら、職場復帰をめざしました。生活のリズムを作るまでには、やはり時間がかかりました。女房の手助けがないと、生活ができません。私以上に身体を使い、家事、仕事と、大変であったと思います。感謝してもしきれるものではありません。感謝に絶えません。

不自由ながらも普段の生活に戻り、少しずつ落ち着きを取り戻しながら、改めて生命の尊厳、信仰の重要性を知ることになりました。特に、信仰に関しては、超自然的なご利益ばかりを期待するいわゆる「おすがり信仰」「おねだり信仰」ではダメなのです。教えに則って、自ら命の変革をすることが真の信仰なのです。

人には迷いがあります。それは意外にも理科系である科学だけでは解明できないことが多いのです。人の迷いは、人間がつくりあげた文学、哲学、そして宗教などの文科系の領域で解決するものだと思うのです。

物事の真理を追究する哲学、人の在り様を様々なものに置き換え考える文学、そして教えをひたすら信じ一心不乱に追い求める宗教などが、それぞれのアプローチで人を迷いから解放してくれるのです。

これは、病気をし「胸中唱題」をすることで、改めて知ることになったのです。答のない答を、与えられた選択肢の中から最善のものを選ぶのです。その方法が、文学であり哲学であり、そして宗教なのです。私は、そのなかの日蓮仏法を身につけていたのです。

それが、ここ一番というときに実践した「胸中唱題」、さらには自宅にもどってからの「勤行唱題」が、答を導きだしてくれたのです。

仕事のスタイルチェンジ

病院の中は、まさに温室のようなものでした。反面、現実社会は、気を緩めると、即、奈落の底に落ちてしまうような危険な娑婆世界です。

そう感じたのも留守にしていた職場に戻ってからでした。また、この時の会社の経営状況は決して良くなく、立て直しを早急にしなければならない状況でした。

幸いなことに、左脳が無事だったため、言語機能に障害はなく、会話によるコミュニケーションはスムーズに行なえるようになりました。そして、右半身は自由が利くため、筆記用具を使うことができ、パソコンも操作できました。

それでも、職場復帰してからも闘いの日々でした。しかし、この体と付き合っていかなければならないので、それまでの仕事のやり方とは大幅にチェンジしました。仕事だけでなく、あらゆる物事に対して、竹のように、自分で節目をつくり、その一つひとつを仕上げるようにと心がけました。節目の第一領域と第二領域を同時に意識しながら、物事に向き合うようにしました。

第一領域では、眼前の課題がもたらされています。今すぐやらなければいけないことばかりです。それに対して、第二領域では、非常に重要性があるものの、いずれやらなければいけない課題が与えられています。

急を要する第一領域ばかりに目を奪われていると、自分を追い詰めることになります。そのため、第二領域の課題に注視しながら、第一領域を手がけることで、心にゆとりが持てるようになりました。

これまでは、第一領域の課題ばかりに重きを置くようなスタイルで、物事に取り組んできました。しかし、不自由な体のまま、そんな考えでいれば、当たり前のことが当たり前にできない歯痒さで、自分の首を絞めていたと思います。

そのため、第一領域の課題に当たるときは、周囲の力を借りるようにしました。これはやって本当に良かったと思います。無理をしてやっても、何もいいことがないことも分かりました。

何よりも、仲間の助けがこんなにありがたいものであるかと、心から感謝することができました。その気持ちは益々強くなっています。

経営者として陣頭指揮に当たれないとき、助けてくださった恩人。社長不在の中、必死でがんばってくれた社員諸氏。それまで見えてなかったものが、見えるようになりました。

失ったものよりも、もっと大きなものを手に入れた気持ちになれたのです。

一七　失ったものの大きさと省みるこれまでの歩み

職場復帰と日常生活の困難

入院中にも、日常生活に潜む多くの危険は覚悟していました。「病院の中であれば良いが、普段の生活にはいろいろな障害がある。特に、転ぶことだけには注意しなさい」と、リハビリを担当してくれた理学療法士の方に注意されました。

人一倍体力があり、運動神経にも自信があった私が、ただ歩くということすら、まともにできない。あまりにも急に、いとも簡単にこのような状態になってしまうのかという衝撃は、自分自身でも計り知れないものでした。

この現実をしっかりと受け止め、どう対処していくかをきちんと整理できなければ「何故なんだ、どうしてなんだ」と、益々迷走してしまいます。幸い私は、苦悶する迷路には入るまいとするもう一人の自分が「冷静に事実を認めるんだ」と言い聞かせてくれました。

そして退院し、家に帰り、社会復帰と職場復帰を自分に課しました。

特に、職場復帰には大きな困難がともないました。例えば、お客さまを訪問する場合、自分の代わりにクルマを運転してくれる社員が必要となります。今までのように、いつでも、どこへでも、というわけにはいかないのです。ですから訪問する機会も、厳選せざるを得ません。本当に切ないものです。

トップ不在で業績低迷

職場復帰して、まず経営者不在が、いかに大きな損失に結びついているかという現実を突きつけられました。それは経営者として、ある意味、自分の体が悪くなったということよりも、大きなショックでした。

その要因の第一は、会社の雰囲気に緩みがあったことです。それが業績に反映していたのです。まさに、指揮者のいないオーケストラでした。もちろん、それぞれの奏者（社員）は、一生懸命演奏しているのですが、音（仕事）にまとまりがないため、結果として全体のしまりがなくなり、緩んでしまうわけです。

指揮者は、ただいるだけでも、オーケストラの音はビシッと締まるものです。しかし、指揮者不在だと、形だけ音を合わせることはできても、一つのまとまった音として観客に届かない。それでコンサート（業績）は、不調に終わってしまうのです。

まさに「異体同心」という言葉の意味を思い出します。ここで重要なのは、一人ひとりが持つ個性や特質を生かし、その可能性を最大限に発揮しながら、同心となって目的と目標を目指していくことです。

トップ不在で、現実は「同体異心」を招いていたのです。表面上は同じようにやっていたとしても、それぞれの志や目的が違い、バラバラになっていたのです。まさに「異体同心なれば万事を成し、同体異心なれば諸事叶うことなし」でした。

これは、誰のせいでもありません。すべて、私に原因があります。会社経営で最も重要な、人が育っていなかったのです。私がワンマンで、箸の上げ下ろしまで、なにもかも指示していたのです。これは私にとって、大きな気付きでした。

ですから、業績低迷に陥って当たり前なのです。もし、私が不在でも、何一つ変わらずに会社が回っていたとしたら、それはもう奇跡としかいえません。

躍進に限らず、中小企業の多くは、個性的なトップが、やや強引に会社を引っ張って成り立っている部分があります。大企業なら、トップの代わりとなる候補はいくらでもいますが、中小企業のほとんどはそうではありません。

ただ、ワンマンは、創業してから業績が上昇気流に乗るまでは必要であると思います。そこから先は、「異体同心」となって会社を盛り上げていく体制を作らなければ、単なるワンマンは通用しなくなるでしょう。そのために、組織というものをしっかり作り上げなければと、私自身が思った次第です。

新たな流れ、組織作りを誓う

私は、私なりに組織を作り上げたつもりでした。しかし、それまでに躍進は、個人企業の「笠井輝夫商店」に過ぎなかったのです。後継者作りも、実際には何もやっていなかったのです。

病に倒れ、そのことに気付いたのです。まさに、災い転じて福となす、自分のやるべきことが見えたという点では光明を見た感じでもありますが、一刻も早く、会社の立て直しをしなければなりません。業績低迷という現実が、私のお尻を叩いてくれたお陰で「再び立ち上がらなければ」という使命感につながりました。

それには、なによりも最低限の体力を回復させることが急務でした。不幸中の幸いだったのは、再三思うことですが、右手と言語に障害が残らなかったことです。経営者である私にとって、必要不可欠の武器だけが残されていたわけです。

ですから、不幸だとは思わないようにしました。不幸と思えば、自分自身が違う方向にいってしまったのではないかという怖さがあったからです。

また、後継者づくりに対する考え方も変わりました。私がトップでいる時代に、会社の基盤をしっかりと構築する。そして、後を引き継ぐ者は、その時の社会情勢に則り、何をすべきであるかを冷静に考えられる人物であってほしいと思うようになったのです。

躍進の令和元年（平成三十一年）のスローガンは、「立志誓命元年、黎明上昇の年」です。これから先の一〇年は、新時代の幕開けに伴う土台作りの期間で、後継者となる人物が飛躍するための準備期間と位置づけています。住宅産業の担い手であり、チーム躍進を牽引する人物の養成に努めます。

改元がなされ、令和という時代になりました。新しい時代と共に、新たなことに挑戦しようという機運が高まっていますが、そういう流れに乗るというよりも、自らが流れを作りたいと決意しました。

一八　躍進を支えてくれる皆さん　感謝の真の意味を知る

病に倒れて、思い浮かんでくるのは、やはり家族であり、躍進の仲間です。そんな皆さんには、感謝してもしきれないのですが、ここで皆さんを紹介し、改めて感謝の意を表したいと思います。

人生最大の恩人　近藤建

私と同じように、大病を患った経験のある経営者さんなら、何よりも「あの会社はもうお仕舞いだ」みたいな風評被害を最も恐れることでしょう。

社員や協力業者には、私の病気のことは固く口止めしました。しかし、人の口に戸は立てられぬように、いつの間にか、私の病気のことが取引先に知られ、三社のお客さまが離れていきました。これは本当に悲しいことでした。

このような時、恩師である近藤建会長（ピコイ在任当時）が、私に成り代わって、お住まいのある新潟からさいたま市まで何回も駆けつけ、会議には必ず参加し、指揮をとってくれました。

そして、救急搬送された際に締めていたネクタイを、妻・法子に「預かってもいいですか」と確認し、それを締めながら、私の回復の願掛けをしてくれていたようです。

思えば、平成二年にピコイに入社して以来、私は水を得た魚になったのです。

それまでの私は、一言でいうと何をやっても上手くいかない日々、失敗の繰り返しでした。

しかし、近藤建会長との出会いがあり、平成は「ビジネスマン笠井輝夫」が花開いた時代でした。近藤会長には仕事でも勝てない、そして空手の達人でもあるため喧嘩でも勝てない。そんな方だからこそ、全幅の信頼を置くことができ、生涯の師として尊敬できたのです。

その師匠が、私の最大のピンチに会社を倒産させないようにするため、力添えしてくれたことは、何よりもありがたいことです。

最愛の妻であり戦友　笠井法子

昭和三十一年生まれで、妻であり、子供たちの母であり、躍進の取締役でもあります。真面目で、責任感が強く、ちょっと融通の利かない部分もがありますが、善悪の判断が厳しい部分があるため、私を「善」の方向へ導いてくれる最大の存在です。

令和元年（平成三十一年）には結婚三八年目を迎え、現在も「家と会社の境がない」生活を余儀なくさせており、申し訳なく思っています。

それまで専業主婦で、会社員として現役からだいぶ遠ざかっていたので、躍進で仕事を始めたときは、勘が戻るまで大変だったと思います。しかし、独学で表計算ソフトのエクセルを覚え、顧客管理から受注売上表計算、月次損益、貸借対照表、ひいては決算書類の作成までやってくれました。会社の根っこの部分である総務経理の基盤を構築してくれた最大の功労者です。

思えば、平成十二年に、有限会社躍進を設立し、法子が代表取締役に就任。その一年後の平成十三年二月二十五日に、法子からバトンを渡され、私が代表取締役に就任したのです。いわば、妻に線路を引いてもらい、「躍進を百年先をも存続できる企業にするための基盤を自分の代で構築するぞ」と誓ったものです。

法子は、どんな場合に遭遇しても、即反省と改善がなされ、何事にも忍耐強く、どんな時にでも「躍進のお母さん」として、皆を励まし、率先垂範してくれました。そして、社長の妻として、躍進の取締役として、私の体調がすぐれない時も、入院した時も、会社を守ってくれました。

会社設立以来、二人で仕事一筋に突き進んできたため、法子の時間をほとんど奪ってしまいました。また、貯蓄していたお金を会社の運転資金へ投資してくれました。こうしたことは数多く有りすぎ、本当に申し訳ないことをしてきました。その上に私がこんな体になり、さらに負担を大きくしてしまいました。これからは、少しでも楽をしてもらい、自由な時間をつくってあげたいとも思っています。

そのためには、まず健康第一で、ゆとりを持って仕事を楽しく遂行し、自分の後継者を育ててもらいたいと思います。もちろん、規則正しい食生活への改善と、睡眠を十分にとって活躍してもらいたいと願っています。

法子は、自分にとってかけがえのない、最も大切な存在です。常に側に寄り添ってくれていて有難う！

営業での率先垂範は社員のお手本　三塚正樹

昭和三十九年生まれで、会社の営業面の「飛車角」の一人で、誰よりも明るい性格で、何事にも前向きな男です。営業成績ナンバーワンで、躍進の業績向上に貢献してくれています。新しい商品事業に対して、誰よりもいち早く受注獲得し、皆のお手本となっています。

前職場よりついて来てくれた躍進創業のメンバーの一人で、私の良い点も悪い点も知っており、誰よりも信頼できる「弟分」です。

私が繋いだお客さまを、ことごとく、安定取引先へと確立させてくれました。小さな失敗は数多くありますが、切り替えが早く、解決し、即立ち直るところが素晴らしいと思います。常に反省と改善がなされています。これからも営業のトップを継続してくれることを期待します。

しかし、率先して業務に取り組んでいる半面、忠誠心が強いあまり、言いたいことが言えない部分があります。私がそうさせてきたと少し反省しています。さらに感情的に怒鳴りつけたこともあり、申し訳なく思っています（笑）。

もちろん、令和の時代に必要不可欠な人材で、今までの経験を総動員して、結果を出す営業チーム育成及び構築に励んでほしいと思います。それには、時間をうまく管理し、適度な運動と十分な睡眠をとってください。誰よりも前向きに仕事に取り組んでくれて有難う！

抜群の発想力がある男　宮内淳一

昭和四十四年生まれ。会社の営業面の「飛車角」の飛車が三塚正樹なら、角は宮内です。おっとりした風貌ながら冷静沈着で、決められたことを遵守し物事を「善」の方向へ転換でき、何人にも分け隔てなく、クールに物事を見極められる可愛い一番下の「弟分」です。

最大の特徴は、ひらめき、連想が斬新なところ。そして誰よりも理解が早いことです。躍進で、出前を取っているお蕎麦屋さんの紹介で入社しました。

運送会社でドライバーをしていたのですが、「安定した仕事先に勤務したい」というのが志望動機でした。面接時のさわやかな青年の印象は今も変わらず、根性もあり静かなる闘志が燃えているように感じます。お客さまの信頼は厚く、複合受注をはじめ、仕事が途切れることなく取引を拡大してきています。

一方で、担当であるお客さまの現場で、工事部門の不手際から取引停止になったこともありましたが、名誉挽回するため部下と一緒になり、巻き返しています。

常に忍耐強く仕事に取り組んでおり、特に、私が職場復帰してから誰よりも多く同行し、介助してくれています。

半面、私が同行した際に、直接私流の真の営業や、プレゼンの仕方を教えていなかったことや、親身になって彼の話を聞く機会も少なかったように思い、申し訳ないことをしました。

令和の時代には、管理職としての固定観念にとらわれず、本質を見抜いた斬新な発想で、新たな潮流、業績拡大の仕組みを作ってほしいと思います。

そして、黒字経営と、目標必達・実現の基盤を構築する率先垂範の取締役に成長してほしいと思います。ワクワク楽しく、誠実かつ公明正大に業務遂行し、そうした振る舞いのできる勇士のお手本になってください。

それには、暴飲暴食に注意し、規則正しい生活を励行し、私のご意見番的な存在になってもらいたいというのが偽らざる願望です。躍進に入社してくれ、自己変革に挑戦し、業績を上げる努力をしてくれて有難う！

人懐こく誰とでも仲良くなれる　大谷貴之

昭和五十年生まれ。躍進の木材保存（防蟻）部門の中心的人物であり、誰よりも朝が早く、スピードを持って、現場施工をやりきってくれる頼もしい男です。

仕事が機敏であり、モノづくりも器用にこなし、弱音を吐かず、自分の仕事を責任もって期日にやりきる。たまにミスするのは許せる範囲内です（笑）。

人懐こく、何でも思ったことや感じたことをありのままに話してくれる男で、明るくて親しみやすい青年と感じ、入社するよう声をかけたのです。

根が明るく、人と接するのが好きな性格なので、お客さまも親しみ易さを抱いてくれるため、誰よりも仕事の情報をいち早く入手してきます。

半面、木材保存事業の大半を依存してしまい、なんとなく孤立させてしまったのではないかと反省していますが、今よりも人一倍に成長する努力を続け、後継者にバトンを渡せるようになってほしいと願っています。

油断するとすぐ太る体質のようなので、暴飲暴食に注意し、標準体重の維持に努めてください。常に新鮮な情報を提供し、お願いしたことを嫌な顔せずやってくれて有難う！

熱く挑戦意欲なら誰にも負けない　関雄介

昭和六十一年生まれ。負けん気が強く、何事にも挑む意欲がある若手のホープです。その前向きな姿勢に頼もしさを感じます。

私の次男・正行（後述）の高校時代の同級生で、人柄もよく素直な好青年でしたので、入社を勧めたところ、躍進で働くことを決意してくれました。施工の手が足りない時は率先して現場施工し、お客さまより絶大な信頼を勝ち取っています。

外部研修へ行き、学んだことを即実践して結果を出そうと努力する姿にも大いに唸らされます。まずは、防水の技術者として技術を身に付け独り立ちできるようにと、一級ＦＲＰ防水技能士に挑戦し認定を取得しました。さらに、防蟻の技術も身に付けようと、しろあり防除士試験にも合格しています。

また、３ＫＭ（個人、家庭、会社の三つのＫと、目標〈Ｍａｒｋ〉、管理〈Ｍａｎａｇｅｍｅｎｔ〉、意欲〈Ｍｏｔｉｖａｔｉｏｎ〉の三つのＭにちなんで名づけられたプログラム）

のインストラクターに合格し、社内３ＫＭ研修の講師を務め、社内文化の構築と指導に率先垂範しています。そして、新たなシステムペーパーレスの社内導入にも実績を残しています。

このように、すべて挑むことには、目的を果たし、実戦でフルに生かし活用しています。それは、今まで誰も取引ができなかったお客さまから、見事に大口受注を獲得し取引開始を実現させました。その実績は今も会社と関君の歴史にしっかりと刻まれています。

令和時代の躍進の幹部として、お客さまより絶大な信頼を勝ち取り、黒字経営の牽引役を率先垂範してほしいと願っています。それには、生活習慣病予防を実践して、適度な運動を継続し、体力増強維持をお願いしたいと思います。

まさに、可愛い息子同様で、頼りになる存在であり、逃げたくなるような時も乗り越え、自己変革し続けてくれて有難う！

冷静沈着、実直の男　笠井正行

昭和六十一年生まれ。私の次男で、躍進の正社員として勤務経験がありますが、現在は別会社の社長をし、「外部からのサポーター」として、躍進の業務応援・支援をしてもらっています。躍進勤務時は、中堅分譲会社のアフター点検の取引を開始して、自ら点検を実施し、会社の利益・業績アップに貢献しました。我が息子でありますが、一人の人間として敬い、骨のある男として、期待をしています。

物事の本質を冷静に見極める洞察力を持っています。何事にも主体性を持って臨み、業務の改善・改革を始動させてくれており、今何が必要か、優先すべきかを捉え、最善の行動ができるようになりつつあります。同僚であり、高校時代の同級生である関雄介とタッグを組んで、これからも躍進を盛り上げてほしいと思います。

もちろん、我が息子であるがために、必要以上に厳しく接してしまいます。それは、息子である前に一人の男として頼もしい存在に成長してほしいからです。

何よりも後継者候補の一人として自信を持ち、自分のビジョンを描き、自分のカラーを出して、自ら考えたことをどんどんやってほしいです。

なかなか話す機会を作れずに申し訳ないと思っています。健康面に留意し、これからもがんばってください。躍進を陰日向に支えてくれて有難う！

誠実・素直な努力家　鶴池和明

平成二年生まれ。三十年十二月に入社したばかりですが、現在、経理担当者として、日々の業務に真摯に取り組んでいます。

知人の紹介で採用しましたが、幼いころ母親を亡くし、働きながら大学を卒業するなど苦労人な一面もあり、その辛抱強い精神力と、素直な人間性が極めて印象深い男です。規律正しい生活を心がけていると思いますが、若いながらも健康に留意してほしいと思います。

我が子同様の存在で、これからを託せる期待できる人間の一人で、令和時代の躍進の幹部になってもらうため、自己を大いに鍛え、磨き、成長してほしいと熱望しています。

総務部というのは会社のシンクタンクであり、その中心人物として、会社の大番頭になってほしいと大いに期待しています。まずは入社してくれて有難う！

この執筆中に、馬場さん（パート）と会津さん（正社員）二人の聡明な女性が入社してくれました。これからの活躍に期待します。

一九　リハビリと共に生まれ変わる

充実した心を手に入れるための日々

病気をして、天命、宿命、運命というものを、改めて考えました。

天命は、文字通り天が与えた命、宿命は生まれつき備わっている定めで、この二つは変えることができません。

しかし、運命は運ばれる命とあるように、自分から作り上げるものです。その運命を作り上げるために、私はみなさんの力を借りています。

まず、指定居宅介護支援事業所であるハピネスケア株式会社（さいたま市見沼区）のケアマネジャーの松橋さんです。彼との出会いが私を心と体の両面で前向きにしてくれました。彼が私の様々なケアプランを練ってくださったのです。そして、松橋さんの紹介で、株式会社ハート&アートが運営する、通所リハビリ施設・ダイアリーさんでのリハビリ生活が始まりました。

私にとっては、ダイアリーさんは、最適な癒しの施設です。社名のハート&アート（心と技）の名の通り、心の匠と技術の匠がマッチした集団組織施設なのです。そこに働くみなさんの、立ち居振る舞いを観察するだけでも、多くの学びがあり、我が社にも取り入れられる点が多々あります。

令和元年（平成三十一年）現在、そこに通って七年目になります。今では、屋内なら杖無しで歩けます。階段の上り下りもできるようになりました。今日に至るまで、しつこいくらいに何回も同じ動作を繰り返してきました。

もちろん、全快は無理ですが、これ以上悪くならないようにすること、再発しないことが大事と、そこに焦点を絞ってリハビリに臨んでいます。

人間は、肉体が充実しているときは、精神は未熟なものです。しかし、肉体に衰えが見られると、反比例するかのように精神は円熟します。

私は、自分の最大の長所であった充実した肉体を奪われてしまいました。しかし、それとともに、今では日々心が満ち満ちていく手応えを感じています。

病気をして知った真の強さ

そして、リハビリの日々のなか、立ち止まりながら、若いころの自分を振り返ることもあります。「私は、どうして横柄で横暴になってしまったのか」と。

前にも述べましたが、昭和五十三年四月、水泳選手の特待生として、土浦日大高等学校に進学します。一年生のころは絶好調でした。しかし、二年生になってから中耳炎を患い、記録が伸びないもどかしさから、半ば自棄になり、周りに喧嘩を吹っかけるような、すさんだ生活になっていきました。

私は、確かに喧嘩は強い子どもでした。しかし、小さいころは、自分から喧嘩を売るようなことはなく、弱いものいじめが大嫌いで、そういう子をいじめっこから守ってやっていたくらい心は優しかったのです。

ところが、ストレス発散も兼ねて、いつの間にか見境なく喧嘩を吹っかける男になっていました。高校の柔道部やレスリング部の大柄な猛者や、他校の生徒と喧嘩しても、いつも勝ってしまうので、どんどん調子に乗ってしまったのです。しかし、極めて醜い自分がそこにいることに気付きませんでした。

伸びない記録の言い訳や、ストレスの捌け口として喧嘩をしても、水泳選手としてまったく意味がないことなのです。真摯に水泳と向き合っていれば、人を殴るような人間にはなっていなかったと思います。例え、記録が伸びなくとも、選手ではなくマネージャーとして活躍する道もあったはずです。そこに気付かなかったのは、やはり私自身の我慢が足りなかったのでしょう。

そんな私が、半身不随となってしまった今、人としての本当の強さとは何かがわかったような気がします。

何事に対しても、決して屈しない〝精神の王者〟になることこそが真の強さであることに気付きました。

例えていうなら、どんな権力者を前にしても、是々非々を明確に主張できる人間になることです。病気をしなければ、このようにはなれなかったでしょう。

二〇　肝臓癌発症

二度目の試練

日々リハビリに励み、経営者として復帰するための闘いをしている私に対して、厳しい神様は二度目の試練を与えてくれました。

平成二十六年十二月十五日、私の肝臓に癌細胞がみつかったのです。

普段通院している自治医科大学附属さいたま医療センターに、脳内出血の元になった糖尿病の検査入院をしたのですが、その時に血液検査で異常値が出たことがきっかけで、体の隅々までCTスキャンを行い発見されたのです。

「現在直径二八ミリ、肝臓癌の場合、三〇ミリに達すると手術は不可能。今すぐ手術しなければならない」といわれ、即入院、手術となりました。

実は、私は元々、C型肝炎に罹患《りかん》し、若いころ治療を受けていました。しかし、当時主流だった制癌剤に用いられる特殊なたんぱく質の一種・インターフェロンが体に合わず、治療を止めてしまっていたのです。

その時、「このまま放っておくと肝硬変になり、肝臓癌に発展する」と指摘され、その治療をいつ再開するか、医師と相談している矢先に、前述の脳内出血を起こしてしたのです。

そのため、青天の霹靂のような脳内出血と違い、以前からそれなりの覚悟をしていた病気であったため、さほど驚くほどではありませんでした。

そして、「癌に立ち向かう」と、決意を新たにしました。ある程度予見されていたことであり、脳内出血で倒れた苦しみに比べたら、屁でもないというのが本心でした。

癌細胞と縁を切る

癌の手術はまさに「まな板の上の鯉」のような気持ちであるため、担当医を信じるしかありません。そんな私に、内科の担当医である浅野先生は「これで死ぬことはまずありえない」と太鼓判を押してくれました。

なんとしても、目の前の状況を打破しなければならないので、担当医を全面的に信じることにしました。そのため、セカンド・オピニオンも一切受けませんでした。

平成二十七年一月二十六日、外科の執刀医は、信頼する浅野先生ではありません。術式も、当時、他の病院で医療ミスが散発した腹腔鏡手術であるため、一抹の不安はありました。そのため「私は経営者であり、守るべきものがたくさんある。今死ぬわけにはいかない」という胸の内を、執刀医に吐露しました。

それに対して「このケースで失敗した事例はないので、安心してほしい」といってくれました。その言葉に安心したせいで、一〇時間の手術後も回復が早く、自力でトイレにいけるほどになりました。

もちろん、脳内出血の後遺症で半身不随であるため、トイレでの所作も、決してままなりません。それでも、手術を無事に乗り越えたこと、トイレにも一人で行けることが、「自分は強運だ。これからもやれるんだ」という自信に繋がりました。

しかし、手術後は、四二度の高熱に悩まされました。その時、「癌細胞は熱に弱い」ということを思い出したのです。そのため、仮にとりきれなかった癌細胞があっても、いっしょに死滅したのではないかと、思うようになりました。それがもし本当なら、これは幸運だったと思います。

山を越えて、考えるのは、再発のことです。手術は無事成功しましたが、その後のことも心配です。当然ながら、再発については個人差があり、千差万別なのでこの段階ではなんともいえませんでした。

しかし、令和元年（平成三十一年）現在、私にはなんら異変が起きていません。私は癌の手術後、インターフェロンを一年間投薬しました。以前と違い、体が拒否反応を示すこともなく、スムーズになじんでいました。

一般的には、五年で再発しなければ寛解《かんかい》していると認識される癌ですが、肝臓癌は一〇年間経過を観察しなければなりませんので、もちろん油断はできません。

よく「二度あることは三度ある」といわれておりますが、今回ばかりは当てはまらないと信じています。癌も再発しておらず、他の病気もしていないので、癌細胞とは縁が切れたと認識しております。まさに、ありがたいことです。感謝しかありません。

二一　生還と事業継承

無借金経営を実現し次世代に渡したい

現在も、リハビリの毎日ですが、大きな病の兆候はありません。もちろん、日々の健康管理には気を遣っております。

こうして日々を過ごせることに感謝すると同時に、神様には二回も助けていただいたことになります。そして、「この命、粗末にできない。残りの人生で、この命を何に使っていくべきか」という気持ちを新たにしております。

リハビリの甲斐があってか、予想よりも早く職場復帰を果たしました。現在、その後の社会復帰を実現するために、日々努力を積み重ねているところです。

そして、次世代にいかにバトンを渡すかという課題を果たすための準備を、一日も早く実行したいと願っています。

私の理想を申し上げれば、次世代には、無借金経営のまま、事業基盤を渡せればと思っています。そのため、令和時代の最初の一〇年間は、その実現のために必死で努力したいと思います。

経営には、いろいろな見方があります。必ずしも、無借金経営が優れているとはいい切れません。借入金があろうがなかろうが、会社の事業が良好に回転していることが重要なのです。

金融機関は、きちんと収益があり、黒字経営を維持していることが優秀な企業であるという見方をします。その点さえしっかりしていれば、利子を経費として捉えて、借入金はそのまま運転資金として利用すべきではないかといわれています。

しかし、会社の台所をキレイにして、十分な運転資金を確保した状態で、バトンタッチをしたいというのは、渡す側の理想なのです。

確かに、借入金を上手く利用すれば、キャッシュ・フローが大きくなります。しかし、それは、会社の規模や業績にもよるのではないかと思います。

中小企業の場合、無駄なお金をできるだけ無くし、その分を銀行に積み立てるなどして、運転資金の原資にするほうが健全であると考えております。経営者は、こういう整理整頓ができないとダメだと思います。

金融機関との付き合い方も身につけさせねばならない

しかし、前述の意見は、あくまで私個人の理想であり、真の後継者づくりは、別なやり方をすべきかもしれません。

特に、次世代の経営者が、本当に借入を必要とする判断を迫られたとき、どのようにしたらいいのか分からないようでは困ります。

仮に、会社を無借金で運営できるようになったからといって、金融機関との付き合いを細くすることは、その後の事業運営のさまざまな局面を乗り越えられないでしょう。借り方も知らなければ、返し方も知らないような経営者では、半人前です。「金融機関とは、こうやって付き合うものだ」という実戦経験を積まなければ、真の経営は難しいと思います。

会社を立ち上げたときには、銀行や公庫などの金融機関には非常にお世話になっております。自己資金だけで会社を運営することなどできず、本当に感謝しております。

一番怖いのは、バトンを受ける側の次世代が、勘違いすることです。何もかもお膳立てをして渡すことは、ある意味甘やかしにつながるでしょう。今後押し寄せてくる幾多の荒波を乗り越えることができないようになってしまう可能性もあります。

そのため、「借入金には大きな意味がある。きちんと借りてきちんと返すことは、会社経営上極めて重要なことだ」ときちんと指導して、バトンタッチすべきかもしれません。

なかには「借金だらけにして会社を渡したほうが、次の社長は鍛えられる」なんていう方もいらっしゃいます（笑）。しかし、それは自分の尻拭いを相手にさせるだけです（笑）。

事業は継承してこそ

会社は、創業者一代限りという見方もあります。しかし、それは自分のそれまでの歩みを否定してしまうことにつながります。経営者だけではなく、社員の過去まで否定してしまうことになるのです。

そして、それまで取引してくださったお客さまに、どのような気持ちで向き合っていたのかということになり、侮辱にも繋がりかねません。

それに、会社は一代限りという気持ちで事業に当たっていては、気持ちも中途半端になり、何かあると投げやりになってしまう恐れがあります。やはり、事業は継承してこそ、会社の社会性が確保されると私は認識しています。

事業継承は、会社の内部から後継者候補を選出する方法もあれば、外部の人に、M&Aなどによって次世代を託するケースもあり、様々です。

しかし、そこで大事なのは、社員をはじめとする会社の仲間の意思です。

みんなが「まったく知らない外部の人に経営権を渡してもいい」というのであれば、それも選択肢のひとつでしょう。

しかし、それを望まないのであれば、いっしょに働いている仲間の中から、次世代の経営者を選び、事業継承していくことが、みんなの幸福につながると思うのです。

二二　「経営者として試されている」と新たな決意

トップ不在の不幸

思えば、二度の大病は、「経営者として試されている」とも受け取られます。

それまでの自分は、自信に満ちて、糖尿病やC型肝炎などの持病があっても、決して大きな病に伏すことはないと思っていました。

自分自身の体調が急降下することはない、会社の現状・将来についても何の不安もないと高を括っていたのです。その自信が、どこかに狂いをもたらしていたのかも知れません。

そして、このような体になり、トップ不在の状況が続いたことが、いかに大きな影響を与えてしまったのかを、まざまざと見せつけられたわけです。

現在は仕事復帰し、陣頭指揮をとっていますが、もしただ居るだけで、やることなすことを賞賛ばかりしていたら、それもトップ不在と同じことなのです。

やはり、良きにつけ悪しきにつけ、社員のすべてに気付かなければなりません。これがリーダーの役目なのです。良いことはきちんと褒め、悪いことは忠告する。これができなければ、組織というものは、脆《もろ》く儚《はかな》く崩れます。

「病気をしてよかった」

病気をするまで、有頂天になっていた自分に対して、二度の大病を経て、心底「これでよかったんだ」と思えるのは、負け惜しみでもなんでもありません。本当の本心なのです。

もし、大病をしなければ、自分の中にある「傲慢」という怪物が暴れだし、それに気付かないまま、人生を終えているような気がするからです。

以前の私は、常に忙しすぎて、自分をコントロールできず、子供のように自分のやりたいようにやる精神状態になっていたのではと想像します。自分がもし私の下で働く立場であれば、極めてやりにくい上司と付き合うことになり、ともすれば「やってられない」と反発していたと思います。そういう意味において、躍進の社員は立派だと思います(笑)。

ですから、これまでは、私がいろいろなことを言い過ぎて、みんなが萎縮してしまい、言いたいこともいえず、組織が活性化していなかった部分も多かったのではと思います。

しかし、今では、私が口を挟まなくても、みんなで意見を言い合い、ひとつにまとめ、よいものをつくりあげているようになっています。それを見ていると、これからの令和時代の一〇年が、どれだけ変化し、どれだけ成長していくのか、期待が大きく膨らみ、ワクワクしてしまいます。

「マンダラチャート」の活用

好例をひとつ挙げれば、みんなで目標達成シート、通称「マンダラチャート」を作成し、実行していることです。

これは、プロ野球・北海道日本ハムファイターズから、メジャーリーグのロサンゼルス・エンゼルスへと入団して大活躍している大谷翔平選手が、高校時代に活用し、大いに注目された自己啓発の手法です。

まず、九×九のマスを作り、その一番真ん中のマス（タテ五番目、左右共に五番目）

に、自分の「成し遂げたいこと」を書きます。

次に、その一番真ん中のマスを取り囲む八マスに、その「成し遂げたいこと」を達成するために必要な「要素」を書き込みます。

「自分の成し遂げたいこと」や「要素」が書かれた中央の三×三マスのブロックには、上下、左右、右斜め上下、左斜め上下に、隣接するように三×三マスのブロックが八つ存在します。それぞれのブロックの中央のマスに、ブロックが隣接する八つの「要素」を、同様に記入していきます。

そして、書かれた八つの「要素」を得るために必要な八つの「行動目標」を、それぞれのブロックの「要素」を取り囲むように、回りの八マスに書いていくのです。

こうして、八ブロックそれぞれに八個の「行動目標」が示され、合計六四個の「行動目標」が明確になるのです。

躍進では、「マンダラチャート」が、社員の意識改革をもたらしています。

こうした動きの一つひとつの積み重ねが、今後の躍進の未来を大きく左右するはずです。

二三　失ったものと得たもの

思い出は「アルバム」になった

ビジネスマンとして、経営者として、成功体験、失敗談など数多くの経験を積んできた私ですが、前述のとおり、思いがけない大病のため、走ることと左手の指の機能を失いました。左半身の一部がいまもって機能不全なので、何か災害に遭ったときなどは、とても走って逃げるなんてできません。

しかし、緩やかには動かすことはできます。ですから焦らず、日常生活の中で、徐々に動かしていく努力を心がけています。それに、全く動けないわけではないのです。「このくらいで済んでよかった」という思いのほうが、はるかに大きいです。

もちろん、ここに至るまでに、ベッドで何日も泣き伏したり、死んでしまおうなんて何度も考えたりして、ようやくたどりついた境地です。

だから、こうなったことを後悔なんかしていないのです。

子供のころは、駆けっこはいつでも一番でした。駆け足に限らず、全身全霊でやりたいことを思う存分やってきました。フルマラソンも三回出場しております。それらすべてが思い出となって、自分の中の心の「アルバム」に整理されています。

やんちゃな時代は、理性、忍耐力がなかったと猛省しています。しかし、やりたいこともやらずに大きくなっていたら、いろいろな意味で後悔していたと思います。

さらに言えば、今年の自分は昨年の自分とはまったく違うというように、日々目標を持って邁進していますので、徐々にではありますが成長しているのだと思います。

人生の棚卸しができた

そのお陰で私は、忍耐力と冷静沈着な精神力が備わりました。そして、真剣に考える時間ができたことで今まで生きてきた軌跡を振り返ることができました。何故、自分はこの世に生まれてきたのか、今までどのように生きてきたのか、良いことや悪いことを回想できたのです。言わば、人生の棚卸しを行なえたわけです。

両親の元に長男として産まれてきた宿命は変えられませんが、幸せや不幸、幸運や不運などの運命は、自分自身で変えることができると再確認することができました。

なぜなら、自分の意思で、今までやりたいことをやってきて、良きも悪しきも思い通りに実現してきたからです。まさに「ぶっ飛び～！」「波瀾万丈」な人生です。「我事《われこと》において悔いなし」です。

そして、自分が障がい者になり、弱者の気持ちや立場がより一層理解できるようになったのです。

大病をし、体の機能の一部を失ったおかげで、バランスが取れるようになり、それまでになかった多くの能力が備わったと喜んでいます。

若くて頑丈者だった昔は、あらゆることを、どんなことをしてもやりきっていました。しかし、周りを全く気にもせずに、やりたい放題の自分でした。どんなにか周りの人に迷惑をかけてきたか、反省しています。

しかしその分、今では周りを巻き込んで、いっしょに喜ばなかったら、それは真の喜びではないと確信するようになりました。これこそが「異体同心」の団結の真の意味だと確信しています。

本当に、変な意味ではなく、病気というのはありがたいなと思います。度胸、直観力、バランス感覚、弱者への理解など、物を得ることができたのですもし、大病することなく、健常者のままであれば、それまでの生き方に大いに自信をもっていたので、何も改めることはなく、人として成長したかどうか、定かではありません。

しかし、体の一部の機能を失ってから、世界観が変わったというのは偽らざる気持ちです。さらに、令和時代に燃え上がるためには、「そもそも人間としてどうなのか」ということを、改めて考えなければいけないと思いました。

そうして、自分が生まれてきたこと、存在していること自体に喜びを感じ、「感謝×感謝×すべてに感謝」の精神を根幹軸に置き、「喜び人生、喜び仕事」を思う存分に楽しみ、我が幸福人生のど真ん中街道を勇猛に突っ走っている最中です。

弟・昭一の死

平成の時代、私には最大の悲しみがありました。弟・昭一の死です。大事な弟を失ってしまったのです。平成二十八年二月三日、私と二人兄弟で唯一の弟であった昭一は、心筋梗塞で急逝してしまいます。享年四十八歳でした。まさに、身をそがれるような思いでした。

大病の末、九死に一生を得た私ですが、持病がなかった弟が、四〇歳代の若さで他界してしまうなんて、これほど皮肉な話もないものです。死んでいてもおかしくない私が生きていて、死ぬはずのない弟があっけなくあの世に旅立ってしまったのです。

気の弱いところがあったので、人知れぬ悩みを抱え、それが大きなストレスとなり、心筋梗塞という最も不幸な形に表れてしまったのでしょう。

有難いことに、両親は健在です。そのため、親より先には死ねない、逆縁こそ最大の親不孝であると思い、なんとか一命を取り留めた私ですが、あろうことか持病のない弟が急逝するなんて、まさに、一寸先は闇だと痛感しました。

一時は、躍進の専務として私を補佐してくれた唯一無二の存在でした。もし、健在であれば、令和時代をともに歩む同士として、心強い存在になっていたことは間違いありません。

人の命は本当に当てにならないものです。今はただ心から冥福を祈るのみです。

二四　『地域のホームドクター』としての役割

「住まいの予防医学」の実践

躍進は、住まいの点検で、長寿命住宅へ転換させる使命と責務を担うと決め、平成二十一年に商標登録『地域のホームドクター』を取得しています。

一般に地域のホームドクターといえば、かかりつけのお医者さんですが、躍進の『地域のホームドクター』は地元に住まう方の健康なホーム（家庭、暮らし）を守るドクターなのです。

幸せなホームを実現するには、その入れ物であるハウス（住宅）が健全でなければなりません。肝心なのは、治療だけでなく「住まいの予防医学」を実践することで、躍進はそれに邁進してまいりました。まさに、「住まいに関する地域のお医者さん」の役割が、躍進の『地域のホームドクター』なのです。

住まいは、誰もが、心休まる憩いの場です。躍進は、そこに暮らす人達の豊かな暮らしを実現する手助け、応援する企業であるべきという思いがあります。

豊かな暮らしとは、人それぞれ、千差万別です。その人にとって、暮らしのスタイルに合わせた提案をさせて頂き、喜んで頂くことを第一優先にしています。即ち、躍進の創業精神である「お客様の笑顔、喜びが我が喜び」精神そのものなのです。

二本足で立つ人間も同様ですが、住まいも足元である基礎、土台がしっかりしていないと成り立たないのです。人間の背骨は、家に譬《たと》えれば通し柱です。基礎、土台、通し柱の重要性は、床下点検をしてはじめて分かることなのです。

点検の極意は「着眼大局」です。まず家の全体を見ることから始めます。家の四隅、出隅、入隅を確認し、東西南北を必ず見ます。その作業を経て詳細を確認します。全体を見ないと、地盤沈下による傾きなどは分からないからです。この技術についても、日々実証実験を繰り返し、よりよいものにブラッシュアップしていきます。

空き家のリノベーションと未来志向

新設住宅着工戸数が一二〇万戸以上コンスタントに推移していたのは、昭和後期から平成初期までです。現在は、その時建てられた住宅をリノベーションする時期なのです。まさに、今こそ『地域のホームドクター』の出番なのです。

現在の新設住宅着工戸数は、百万戸を下回っています。しかし、建て替えではなく、リフォーム、リノベーションすることによって、住宅の価値は向上します。そして、コストパフォーマンスを考えれば、新築を上回る性能を有するものになるのです。そして、未来志向の『地域のホームドクター』の役割として、空き家の再生・リノベーションがあります。

住宅ストック時代と言われてから久しいですが、空き家の数も年々増え続けています。日本全国で住宅が約六千万戸あり、そのうちの約八百万戸以上が空き家になっています。東京都の住宅戸数は約六四〇万戸です。埼玉県は約二九〇万戸ですので、実に東京都全部と埼玉県の大半の住宅戸数が、全国の空き家の数に相当するのです。これは極めて大きな数字です。

躍進の営業エリアにも、たくさんの空き家があります。これらの再生・活用も『地域のホームドクター』の重要な役割と認識しています。

現在、徐々にではありますが、そうしたお仕事のお手伝いをしております。その積み重ねこそが、未来の『地域のホームドクター』を作り上げると確信しております。

例えば、階段の頂点が百段だとします。現在は、一〇段目に到達したほどです。残りの九〇段をどのようにして登るのか。手を変え品を変え、創意工夫していくには、決して立ち止まっていてはいけません。実践で、現在進行形で試行錯誤を繰り返していくことが、未来の『地域のホームドクター』像を作り上げると信じています。

新規事業にいかに取り組むか

現在、住宅及び建物に関する関連事業のイノベーションをはじめ、新時代にむけて、数種の新規事業にも取り組んでおります。新たなる開発を行い、従来の事業を通じて、新規に取り入れていくことを基本に考えております。

しかし、まったく畑違いの事業だけはやらないようにと決めています。そのため、現在は、木材保存事業において、木材の延命保存の仕組みを開発している途上にあります。この事業が地域社会を喜びに変えるものであると確信して取り組んでおります。

新規事業に取り組む姿勢で欠かせない部分は、間断なき試行錯誤です。

現状に甘んじることなく、今やっていることは正しいのか、これで良いのか、他にもっと良いやり方はないのか、何か付け加えることはないのか等、常に自問自答しながら、知恵と創意工夫する習慣を身につけていくことが重要と考えています。そして、最も重要なのが高い意識を持つことです。意識の差が結果の差につながるからです。同じ人間ですから、人間能力の差といっても、せいぜい五倍程度の違いしかありません。しかし、意識の差が違えば、もたらす結果は百倍違うのです。

成功する人と成功しない人の差は、能力より意識の差なのです。

そして、高い意識は、情熱に昇華します。歴史上の偉人だけでなく、著名な大企業の創業者が偉業を成し遂げた理由は、人の何倍もの情熱があったからなのです。

京セラの創業者で、日本を代表する経営者である稲盛和夫さんが提唱している「人生の方程式」は、「人生・仕事の結果＝考え方 × 熱意 × 能力」というものです。

稲盛さんは、人生を成功させるためには、このうち、「考え方」を最も重要視していました。そして、「考え方 × 熱意」の部分が、情熱なのではないでしょうか。

新規事業というものは、最初、まわりの理解を得ることができないかもしれません。しかし、情熱は必ず人を動かします。情熱があるからこそ、人が賛同してくれるのです。これからの躍進の新規事業も、高い意識に基づく大いなる情熱をもって取り組んでいく所存です。

二五　新たな時代に燃え上がるため

働かない改革になってはダメ

平成最後の月、平成三十一年四月より、働き方改革関連法に基づき、時間外労働の上限規制の導入、一定日数の年次有給休暇の確実な取得、勤務間インターバル制度の普及促進等が施行されました。

その一方で、現在、わが国は高齢化と少子化のダブルパンチにより、日本の生産年齢人口（一五歳から六四歳）は減少の一途をたどっています。この状態を放置すれば、税収は減り続け、近い将来、日本の財政は必ず破綻します。

そこで政府は「一億総活躍社会」のキャッチフレーズのもと、女性の職場進出、高齢者の活用、個人のニーズに合わせた働き方などを提案、実行しました。いわゆる「働き方改革」です。

しかし、働き方改革の目的と手段を、履き違えている人も現れるようになりました。

働き方改革ではなく、言うなれば「働かない改革」になってしまうことです。労働時間の短縮は、目的ではなく手段であるということを認識すべきでしょう。それは、各企業が、自分の会社の実態に応じて、理想の環境を整備確保し、揺るがない労働基盤を構築することが先決だと思うのです。

それぞれの企業に相応しいシステムを構築すれば良い

翻って、躍進は会社設立から今日までの間、二〇名の社員の出入りがありました。現在、正社員は八名、契約社員一〇名、計一八名です。

省みると、新入社員が育ちこれからという時に退職するケースが幾度か周期的にありました。このように、欠員が出ればそれを補充するまで、他の社員で対応せざるを得ない現実があります。

この時、一番重要なのは、人員をやりくりし、円滑に業務遂行することです。その中で、まさにピンチはチャンスとし「業務見直しができるチャンス」と捉えてきました。そして、常に原点に立ち返り、不易流行の如く、無くしてはならぬものと新たに創造するものを見極め、最終的にイノベーションを実現することが必要と考えます。

当然、時間外労働も必要なのです。通常の状態を確保するまで、業務をやり遂げなければ、会社は機能不全に陥ります。そうなっては、お客さまに大きな迷惑がかかってしまい、会社の信用は失墜することになります。それだけは断じて避けなければなりません。このように、組織においては少なからず避けられない実情というものがあるのではないでしょうか。

「ヒト・モノ・カネ・知恵・情報・時間」の損失を防ぐのも、やはりヒトなのです。そのヒトのトップは言うまでもなく経営者で、すべては経営者の責任となるのです。

だからこそ、日頃から実戦にて、共に育む社員共育は欠かすことができません。組織において、人事というものがいかに大切であるかを痛感すると同時に、欠員が生じ、新たに人を雇用する際の面接は、経営者として最も重要な業務の一つです。

もちろん、決してリップサービスなどできません。あくまでも、実態をありのままに説明して、現状や未来のビジョンが指し示すところ、雇用条件や体系を理解してもらい、一緒に働けるか否か判断してもらうようにしています。

それは、既存の全社員も同様です。特に再確認する原点は、何のために働くのか、自分の存在価値、意義はなにかということです。今一度、自分の志、使命責務を肝に銘じ、意気揚々と活動する。その姿が、良い社内環境を創り、周囲に士気向上が伝播するのです。

まさに、周囲のお手本となる社員を育成することが最優先となる課題の一つなのです。肝心なのは、机上の教育ではなく、すべて実践の中で、共に育む共育を最優先に進めることだと思います。

このような背景を省みると、あらゆる企業において働き方改革は、各々の企業や組織に応じて真剣に取り組んでいかなければなりません。

しかし、その本質は、お客さまに信用を得るための基盤を確保し、基幹・機軸をぶらさずに、入口から出口までの仕組みづくりにあると考えます。

もちろん、企業ごとに成すべきことは千差万別、多種多様であると思います。ですから、その企業に相応しいシステムを構築すれば良いわけです。それは、全社員の生活を守る基盤づくりに通じているからです。

働く日本を支えてくれた父の職人魂

確かに「働きすぎは悪」かもしれません。「仕事はコンプライアンス優先」であるのは、当たり前でしょう。この言葉を踏まえたうえで、決して働かない日本にだけはしてはならないと思うのです。日本全体がそんな方向に進んでは、誰も頑張らないし踏ん張らない。そんな国には断じてしたくありません。

私の父は、クリーニング業を自営し生計を立て、兄弟二人を育ててくれました。年齢とともに、仕事が身体にも辛く、長年の疲労が蓄積して腕が上がらない腱鞘炎になってしまいました。それでも、古くからのお客さまがいるので、やり続けるといって、平成三十年八三歳まで、洗い場、仕上げ、アイロンと一人三役をこなしてきました。私は、父が仕事を休んだ姿を見たことがありません。そうして、私たち兄弟を育ててくれ、弟を大学まで出してくれました。

まさに、母と二人三脚で個人商店を切り盛りして働いてきたのです。尊敬できる両親であり、父の姿です。技能者のなかには、このような人は数多くいると思います。特に、伝統工芸の技能者などは、そうした姿が顕著な方ばかりかもしれません。

こういう姿勢こそ、日本の精神文化であり仕事に対する文化だと思うのです。まさに、戦後の日本の国を支えてきた功労者です。この精神を、私は受け継いでいくと心に刻んでいます。

もちろん、本人の意にそぐわない長時間労働を会社が強いることは大きな問題です。しかし、寝食を忘れて仕事に没頭してきた人たちがいたことも、また現在もいることも事実なのです。政府が提唱する様々な規制は、人間の労働意欲の制限に繋がるものであってはならないと思います。やる気を確実に削ぐようなことになってはならないからです。

一生懸命に働く精神文化を今一度蘇らせたい

そして、私が宣言したいのは、働き方改革から、「人生大善生活改革」への移行です。自分の人生をどのように生きるのか、何のために働くのか、この仕事でどのような社会貢献をするのか、また自分の希望は何か、志を果たすにはどうすれば良いのか等、自らの使命と責務を確固として生きていきたいというものです。このようなことが、自己変革、精神改革革命であり、「人生大善生活改革」へと繋がっていくと思うのです。

働いてお金を稼ぐことの本質は、極めて奥深く幅広いものです。政治家や官僚の机上の論理で、汗水たらして働く労働者たちの人生を決めようとしている働き方改革は、まさに本末転倒としか言いようがありません。

働かないで、経済的な豊かさだけを得ることはできません。過度な経済的豊かさはいらない、自分の時間がほしいというのなら、それで良いでしょう。しかし、働くのは嫌だけど、経済的に豊かな生活がほしいというのであれば、ちょっと虫がよすぎると思います。

本質的に、仕事を楽しいものにすることが、真の働き方改革ではないでしょうか。「働かざる者食うべからず」という言葉がありますが、働かない日本の末路は本当に哀れなものになると思います。

躍進は、日本人に受け継がれてきた、一生懸命に働く精神文化を今一度蘇らせていくと決めました。まだまだ途上ですが、異体同心の団結で、各自がワクワク楽しく働き、自己変革に挑んでいます。そして、最終的には、前号で述べた、SDGs（※）を組み入れた働き方改革を目指していく方針です。ご期待ください。

※ 世界が二〇一六年（平成二十八年）から二〇三〇年（令和十二年）までに達成すべき一七の環境や開発に関する国際目標「持続可能な開発目標（Sustainable Development Goals）」のことです。そして、この一七の目標を、より具体化したものが一六九のターゲットです。

二六　感謝と報恩

駆け抜けた平成は、まるで「ジェットコースター」に乗っているようだった

長女・靖子が誕生し、抱きかかえながらあやしていた平成元年から、外の桜を楽しんでいた平成三十一年の四月までを振り返ると、良いときもあれば苦しいときもあり、天国と地獄の両方を味わいました。

そして、ビジネスマンとしては、「悩んで苦しんで悟って」の煩悩即菩提を、まるでジェットコースターに乗っているように繰り返した平成の三〇年でした。

しかし、自分の思いを貫き通せた時代でした。

思えば、昭和の笠井輝夫と、平成の笠井輝夫は、大きく違います。「はじめに」でもご案内したとおり、昭和のころは、男・笠井輝夫の活発な少年期であり、波乱の青春期といえる時代でした。しかし、平成は、ビジネスマン・笠井輝夫の時代です。

そして、平成にはいり、ビジネスマンとして花開いたのは、昭和のころの苦しい時

代があったればこそだと思うのです。

常に、自分の根っこには「何事にも負けたくない」という強い信念がありました。それは、勝ちたいという気持ちの前に、「どんなに辛い困難なことに直面しても、絶対に負けない。絶対に乗り越える。乗り越えられないハードルなどない」という精神軸、男の意地のようなものがあったからです。

それには「覚えよう。素直に吸収しよう。言われたことはまずは受け入れよう」という姿勢が必要で、幸い私はその気持ちがあったのでやってこられたと思います。それも体験から学んだものです。

昭和のころは、ちょっと傲慢で、反発することが多く、受け入れるという気持ちが希薄でした。しかし、平成に入り、受け入れるということができるようになり、「すべてを自分の身に纏《まと》おう」という気持ちで、何事にも臨んできました。

度胸、直観力、バランス感覚、弱者への理解などの宝物を得る

そのおかげかもしれませんが、人様よりも度胸がつき、直観力が磨かれたような気がします。

度胸といっても、お化け屋敷に入って、平気でいられるというような肝っ玉の太さを示そうとしているのではありません（笑）。ここ一番、この局面で、こう判断して、こう責任を取るという度胸です。これは、私だけでなく、多くの経営者さんが身につけている資質なのかもしれませんが、私にも備わるようになりました。

さらに、本来なら、一から順序だてて、論理的に積み上げて、答を出す作業についても、一瞬で結論を導き出すことができる力もつきました。日々のルーティンワークでも、トラブルに直面しても、あっという間に答が出せるのです。

ちょっとカッコつけて言わせて貰えば、そろばんの達人が、何十桁もある数字の計算問題の答を、あっという間に出す作業に似ているのです。囲碁や将棋の棋士が、相手の手順が終わった瞬間に、次は自分がどこに石や駒をおけば良いか、ぱっと頭に浮かぶように、一瞬の間に頭が回転するのです。

逆をいえば、こうした資質が磨かれたから、なんとか経営者としてやってこられたのだと思うのです。そして、今も昔も「これと決めたら、どんなことをしてもやりきる」という根性だけは、変わらずに持っています。

しかし、ともすれば独りよがりになってしまう部分もありました。私のやり方に、周囲がついて来られたか、理解を得ることができたかと自問自答したときに、必ずしもそうだとは言えません。

今では、周囲に対する配慮も、以前に比較して、持てるようになってきております。

若い世代の手本たれ

思えば、平成二年にピコイに入社して、平常の生活レベルに戻るのに、約三年かかりました。給料が安定してきたからです。

まさに、私だけでなく、私の家族も、ピコイに育ててもらったという感謝と報恩の気持ちを持ち続けています。ここだけは、どんなことがあっても忘れてはならない事実なのです。

仮に、ピコイから酷い仕打ちにあったとしても、感謝と報恩の精神だけは決してなくしてはいけないと思います。これこそが、本当の感謝と報恩だと思います。

私は、若いころ、自分がお世話になった方が愛情を持って指摘してくれた注意に対して、逆恨みしたことがありました。

そんな私の態度に対し、私の身内は強く叱責してくれました。仮に、その指摘が理不尽なものであっても、受けた恩を忘れて突っ走れば、後でとんでもないしっぺ返しがくるというものも経験しました。

今、自分がシニア世代となり、若い世代の手本とならねばならなくなりました。もし、指導する場面になったとき、きちんと愛情をもって叱責できるようにありたいと思っています。

私には、家族がおり、社員がおり、協力業者さんもいます。そういう人たちに対して、どのように接していくかの実証実験を行なっている最中です。これは、私自身が指導者として、人間として、いかに成長していくかを知るうえで、また「喜び人生、喜び仕事」を実現するための手段として、とても貴重なことです。

もちろん、手段と目的を履き違えてはなりません。そうならないためには、やはり高い意識と、感謝と報恩の気持ちを忘れてはならないと自分に言い聞かせています。

「互譲、互助」の精神

私は、「他者の笑顔喜びが我が喜び」とする生き方の波動を巻き起こす、主体者でありたいと決めています。

社会に対し笑顔、喜びを波及させるには、先ず、自分自身が、喜び生活、喜び人生の体現者にならなければなりません。

そこで、念頭に置くことは、出光興産創業者・出光佐三氏の指針であった「互譲、互助」の精神です。

お互いに譲り合い助け合えば、対立闘争などあり得ないという平和思想です。

多様性の世の中、人の「ものの見方、考え方、捉え方」も、千差万別です。ただ、幸せになりたいとの思いは万人の願いではないでしょうか。

また、平和を願うのも同様です。どのような組織においても、家族の喜び幸せ、地域の喜び幸せ、世界（社会）の喜び幸せを願っているはずです。大事なのはそれをどう創造していくかです。

これからの時代は、「個」が強く逞しく、個性が発揮される時代でしょう。人が活き活き活躍できる社会でなければ、その人の個性は埋没してしまいます。強固な組織も大事ですが、強く逞しい「個」の力を発揮できてこそ真に強い組織といえるのではないでしょうか。

ただ、ここで大事なのは自分さえ良ければという利己的な個であってはなりません。

私が良くいう「異体同心」の力を発揮できる人であることです。

そうでなければ、「互譲、互助」においても、どんなに自分の力が強くとも、他人を助けることなどできはしないのです。

人間は、一人で産まれ、一人で死んでいくものです。赤子の時は、母親に依存していますが、成長と共に親離れしていくものです。

現在では、親離れできない子供、子離れできない親もいるみたいです（笑）。幼少期の依存関係は良いのですが、自立期を迎え社会人になれば、他者とのコミュニケーションを十分にとり、第三者との補完関係を身に付けたいものです。

人間には、誰しも、弱いところと強いところが備わっています。即ち、自分の弱いところは他者に補ってもらい、他者の弱いところは、自分の強いところで補ってあげるという補完関係です。

人間社会において、互助の精神、補完関係の確立は欠かせないものです。これが成立し、十分に機能すれば、対立関係になるはずがないのです。

おわりに

最後に、仕事を離れて、平成の最も素晴らしいことを述べたいと思います。それは、戦争がなかったことです。他国では勃発しましたが、平成において、日本では戦争が起こらなかったのです。これは極めて素晴らしいことです。

平成から令和も平和の時代が続くように「令和」は庶民が輝き躍動する時代にしていきたいものです。人間が人間らしく生きる為に、主体性を持った生き方が問われ、個が強く逞しく、やりがい、生きがいを開花させて、持続可能な平和社会を構築させる主体者へ変革していく事が大切と思います。

新元号「令和」は、この梅花の歌三十二首の序文が由来となります。「初春の令月《れいげつ》にして、氣淑《きよ》く風和ぎ、梅は鏡前の粉を披き、蘭は珮後《はいご》の香を薫す」と詠まれます。来る年も来る年も、厳しい寒さの中、梅はどの花にも先駆けて咲き始めると同じように、厳しい試練が社会に襲いかかろうとも、平和の花、幸福の花が咲き薫ることを願うというものです。そして、「人々が美しく心を寄せ合う中で、文化が生まれ育つ。

梅の花のように、日本人が明日への希望を咲かせる国でありますように」という意味が込められているのです。

万葉集には、天皇や貴族だけではなく、多くの庶民の歌があります。「桜梅桃李《おうばいとうり》の己己《ここ》の当体を改めずして無作三身《むささんじん》と開見《かいけん》」とありますように、桜も梅も桃も李も、それぞれが美しいように、どれだけ時代が移り変わろうとも、庶民があるがままで輝き、躍動してこそ、美しい「令和」の時代が築かれると思います。美しい調和の意味が「令和」に込められています。

しかし、「令和」の「令」の文字について、一部の海外メディアが、一般的に「order・秩序」や「command・指令」の意味で使われているなどと報じました。

それに対し、外務省は、「令和」には、「beautiful harmony」、美しい調和という意味が込められているとし、そのように説明するよう、海外に駐在する大使などに指示しました。

日本人は、外務省が説明するように理解することが一般的と言えます。例えば、「令子さん」という女性の名にみられるように、ちゃんと「良い、立派な」という意味も含まれているのです。

「beautiful harmony」、美しい調和はまさに自分と他人、自己と世界を同一視するものです。それは、人々が美しく心を寄せ合う中で、文化が生まれ育つこと、お互いの幸せを共有する精神にもつながると確信しております。

多様性の時代には、寛容な心と受容性を磨く事が必要不可欠です。

松下幸之助翁がよく提唱した「周知を集めた全員経営」という言葉があります。これは、自分の思い込みや囚われを排除する為に、社員や周囲の話をよく聞くこと。素直に物事を見て筋道立てて物事を考える。そうすれば、良い知恵が集まり良い決断ができると私は受け止めています。

多様性を受け入れる事ができるようになると、柔軟な思考やアイデアが生まれやすく成り、多くの多様な考えに触発され自分の無限の可能性が開花され、新たなる開発ができるチャンスが増えていきます。多様性を楽しみたいと思います。

最後に、何故、自分はこの世に生まれてきたのか？　答えは、「人生を楽しむ為である」と私は考えています。

例えば、辛い事や困難がある時は、自分を磨き鍛えてくれる修練と捉え、喜びへと変換していけば、ワクワク楽しく活動できるからです。

この生き方が世に伝播されれば、喜び多い社会になっていくと信じます。

そこで私は、「他者の笑顔喜びが、我が喜びとなるように」、自らが主体者としてこの生き方を実践する事を誓います。

いつでも、どこでも、どこまでも、「誠実かつ公明正大に」を心掛け、ワクワク楽しく、人生を大いに楽しみます。一緒に人生を楽しみましょう。

共に支えあって

笠井輝夫（かさい　てるお）

1962(昭和37)年４月２日生まれ　水戸出身
株式会社躍進　代表取締役社長
株式会社　ヤクシンジャパン会長
大宮ライオンズクラブ会員
水戸大使委嘱
日本経済新聞懇話会会員
茨城県人会連合会会員
財団法人ビルヂング協会会員
財団法人木造住宅共同組合会員
公益社団法人日本木材保存会会員
日本青年会議所ＯＢ会員
日本商工会議所ＯＢ会員

株式会社　躍進

〒337-0043 埼玉県さいたま市見沼区中川 106-1
電話 048-688-3388　EAX048-680-7615
URL：https://yakushin.jp/company/
Mail：info@yakushin.jp

昭和と平成を翔け抜け令和へ

令和元(2019)年 6 月 8 日 発行

著　者　　笠井　輝夫
発売者　　斎藤　信二
発売所　　株式会社　高木書房
〒116-0013
東京都荒川区西日暮里 5-14-4-901
電　話　　０３‐５６１５‐２０６２
ＦＡＸ　　０３‐５６１５‐２０６４
メール　　syoboutakagi@dolphin.ocn.ne.jp
装　丁　　株式会社インタープレイ
印刷・製本　株式会社ワコープラネット

乱丁・落丁は、送料小社負担にてお取替えいたします。
定価はカバーに表示してあります。

 ISBN978-4-88471-458-1　C0034　Printed Japan